职业技术·职业资格培训教材

数据库管理人员

Oracle

主　编　孔铭锐　徐龙章

编　者　栾东庆　张伟平　罗晓丹

主　审　谢海华

（三级）

中国劳动社会保障出版社

图书在版编目(CIP)数据

数据库管理人员：Oracle：三级/上海市职业技能鉴定中心组织编写. —北京：中国劳动社会保障出版社，2013

1 + X 职业技术 · 职业资格培训教材

ISBN 978 - 7 - 5167 - 0119 - 5

Ⅰ. ①数…　Ⅱ. ①上…　Ⅲ. ①关系数据库系统-技术培训-教材　Ⅳ. ①TP311. 138

中国版本图书馆 CIP 数据核字(2013)第 029869 号

中国劳动社会保障出版社出版发行

(北京市惠新东街 1 号　邮政编码：100029)

出 版 人：张梦欣

*

北京北苑印刷有限责任公司印刷装订　新华书店经销

787 毫米 × 1092 毫米　16 开本　16.25 印张　305 千字

2013 年 6 月第 1 版　　2013 年 6 月第 1 次印刷

定价：37.00 元

读者服务部电话：(010) 64929211/64921644/84643933

发行部电话：(010) 64961894

出版社网址：http：//www.class.com.cn

内容简介

本教材由人力资源和社会保障部教材办公室、中国就业培训技术指导中心上海分中心、上海市职业技能鉴定中心依据上海 1 + X 数据库管理人员（Oracle）（三级）职业技能鉴定细目组织编写。教材从强化培养操作技能，掌握实用技术的角度出发，较好地体现了当前最新的实用知识与操作技术，对于提高从业人员的基本素质，掌握数据库管理人员（Oracle）（三级）的核心知识与技能有直接的帮助和指导作用。

本教材在编写中根据本职业的工作特点，以能力培养为根本出发点，采用模块化的编写方式。本教材分为 5 章，主要包括：Oracle 数据库配置、Oracle 数据库管理操作、PL/SQL 应用、数据库安全性、数据库应用开发实例。

本教材可作为数据库管理人员（Oracle）（三级）职业技能培训与鉴定考核教材，也可供全国中、高等职业技术院校相关专业师生参考使用，以及本职业从业人员培训使用。

前　　言

职业培训制度的积极推进，尤其是职业资格证书制度的推行，为广大劳动者系统地学习相关职业的知识和技能，提高就业能力、工作能力和职业转换能力提供了可能，同时也为企业选择适应生产需要的合格劳动者提供了依据。

随着我国科学技术的飞速发展和产业结构的不断调整，各种新兴职业应运而生，传统职业中也越来越多、越来越快地融进了各种新知识、新技术和新工艺。因此，加快培养合格的、适应现代化建设要求的高技能人才就显得尤为迫切。近年来，上海市在加快高技能人才建设方面进行了有益的探索，积累了丰富而宝贵的经验。为优化人力资源结构，加快高技能人才队伍建设，上海市人力资源和社会保障局在提升职业标准、完善技能鉴定方面做了积极的探索和尝试，推出了1+X培训与鉴定模式。1+X中的1代表国家职业标准，X是为适应上海市经济发展的需要，对职业的部分知识和技能要求进行的扩充和更新。随着经济发展和技术进步，X将不断被赋予新的内涵，不断得到深化和提升。

上海市1+X培训与鉴定模式，得到了国家人力资源和社会保障部的支持和肯定。为配合上海市开展的1+X培训与鉴定的需要，人力资源和社会保障部教材办公室、中国就业培训技术指导中心上海分中心、上海市职业技能鉴定中心联合组织有关方面的专家、技术人员共同编写了职业技术·职业资格培训系列教材。

职业技术·职业资格培训教材严格按照1+X鉴定考核细目进行编写，教材内容充分反映了当前从事职业活动所需要的核心知识与技能，较好地体现了适用性、先进性与前瞻性。聘请编写1+X鉴定考核细目的专家，以及相关行业的专家参与教材的编审工作，保证了教材内容的科学性及与鉴定考核细目以及题库的紧密衔接。

职业技术·职业资格培训教材突出了适应职业技能培训的特色，使读者通过学习与培训，不仅有助于通过鉴定考核，而且能够真正掌握本职业的核心技术与操作技能，从而实现从懂得了什么到会做什么的飞跃。

职业技术·职业资格培训教材立足于国家职业标准，也可为全国其他省市开展新职业、新技术职业培训和鉴定考核，以及高技能人才培养提供借鉴或参考。

本书在编写过程中，得到了上海立达职业技术学院的大力支持与协助，在此表示衷心感谢。

新教材的编写是一项探索性工作，由于时间紧迫，不足之处在所难免，欢迎各使用单位及个人对教材提出宝贵意见和建议，以便教材修订时补充更正。

人力资源和社会保障部教材办公室
中国就业培训技术指导中心上海分中心
上海市职业技能鉴定中心

目　录

目 录

第 1 章

Oracle 数据库配置

第 1 节　Oracle 数据库安装配置

学习单元 1　Oracle 数据库基本配置

学习目标

- 掌握 Oracle 数据库安装前的准备
- 掌握 Oracle 软件的安装方法
- 掌握 Oracle 的常用配置

知识要求

一、Oracle 数据库的安装过程

1. 安装前规划

在安装 Oracle 数据库之前，需要对 Oracle 做必要规划，例如，要将 Oracle 安装在哪种操作系统内、安装哪个版本的 Oracle 数据库、该 Oracle 安装后有什么用途、将 Oracle 安装在哪个目录下、Oracle 的数据文件存放在哪些目录中等，规划样例可参考表 1—1。

表 1—1　规划样例

项目	内容
操作系统	Linux
安装版本	Oracle 10g
用途	学习
安装目录	/u01/app/oracle
数据存储类型	ASM
实例名	PX
可用内存	16 GB

2. 安装前操作系统检查及配置

在安装 Oracle 前需要对操作系统做下列检查，请使用 root 用户进行该操作，本次将 Oracle 数据库安装在 Red Hat Enterprise Linux 4 版本的操作系统上。

（1）查看物理内存大小。Oracle 安装建议的物理内存大于 1 GB，可以通过下列命令查看内存大小（注意命令中的大小写）：

```
grep MemTotal /proc/meminfo
```

（2）查看 swap 大小。Oracle 建议 swap 为物理内存 1.5 倍（大于 2 GB 时 swap 分配等于物理内存），可以通过下列命令查看 swap 大小（注意命令中的大小写）：

```
grep SwapTotal /proc/meminfo
```

（3）检查安装的操作系统的用户及用户组。Oracle 安装时需要使用到两个用户组，分别为 oinstall 用户组和 dba 用户组，还使用到 oracle 用户。如果查询后没有这些用户组及用户，就需要使用 root 权限进行创建。

1）查询用户组的命令如下：

```
more /etc/group |grep oinstall
more /etc/group |grep dba
```

2）查询用户的命令如下：

```
more /etc/shadow | grep oracle
```

3）创建用户组的命令如下：

```
groupadd oinstall
groupadd dba
```

4）创建用户的命令如下：

```
useradd -g oinstall -G dba oracle
```

5）新创建用户需要对用户进行密码设置，命令如下：

```
passwd oracle
```

（4）修改操作系统的内核参数。以下以 Linux 为例，内核参数文件存放在“/etc/sysctl.conf”。

1）在命令行里通过 vi 命令打开操作系统配置文件，命令如下：

```
vi /etc/sysctl.conf
```

2）打开文件后，在文件底部添加如下行：

```
kernel.shmall = 2097152
kernel.shmmax = 1047483648 #物理内存一半
kernel.shmmni = 4096
```

```
kernel.sem = 250 32000 100 128
fs.file-max = 65536
net.ipv4.ip_local_port_range = 1024 65000
net.core.rmem_default = 1048576
net.core.rmem_max = 1048576
net.core.wmem_default = 262144
net.core.wmem_max = 262144
```

3）参数的部分说明如下：

semmsl：每个用户拥有信号量最大数。

semmns：系统信号量最大数。

semopm：每次 semopm 系统调用操作数。

semmni：系统中信号灯标志最大数量。

shmmax：最大共享内存 1 GB，物理内存如果小的话可以设置成 536870912。

shmmni：最小共享内存 4 096 KB。

shmall：所有内存大小。

（5）设定 oracle 用户的 shell 限制，以提高系统性能。

1）在/etc/security/ limits. conf 中增加如下行：

```
oracle soft nproc 2047
oracle hard nproc 16384
oracle soft nofile 1024
oracle hard nofile 65536
```

2）在/etc/pam. d/login 中增加如下两行：

```
session required /lib/security/pam_limits.so
session required pam_limits.so
```

3）在/etc/profile 中增加如下内容：

```
if [ $USER = "oracle" ]; then
  if [ $SHELL = "/bin/ksh" ]; then
  ulimit -p 16384
  ulimit -n 65536
  else
  ulimit -u 16384 -n 65536
  fi
```

```
fi
```

（6）为 Oracle 创建安装目录以及设置目录的权限和属组，目录为/u01/app/oracle。

```
mkdir -p /u01/app/oracle
chown -R oracle:oinstall /u01
chmod -R 775 /u01
```

（7）为 Oracle 创建数据存放目录以及设置目录的权限和属组。

1）数据存放目录：

```
mkdir /u01/oradata
chown oracle:oinstall /u01/oradata
chmod 775 /u01/oradata
```

2）快速闪回区域（该目录和创建实例有关联，如果创建的实例不使用闪回区域，可以跳过该步骤）：

```
mkdir /u01/flash_recovery_area
chown oracle:oinstall /u01/flash_recovery_area
chmod 775 /u01/flash_recovery_area
```

（8）完成以上配置后建议重新启动计算机，使上面所有配置的参数生效。

3. 配置 oracle 用户

打开终端，按以下步骤进行操作：

（1）切换操作系统用户。切换到 oracle 用户进行操作，命令如下：

```
su - oracle
```

（2）为 oracle 用户添加登录参数。修改参数文件名为“. bash_ profile”，添加以下参数：

```
ORACLE_BASE=/u01/app/oracle
ORACLE_SID=PX
export ORACLE_BASE ORACLE_SID
umask 022
```

其中，umask 表示反掩码，默认创建文件夹时权限为 755（777 - 022），创建文件时权限为 644（666 - 022）。

（3）完成参数添加后重新登录 Oracle 用户，使刚才配置的参数生效，可以通过 env 命令查看是否配置成功。

4. 上传并解压安装文件

上传 Oracle 安装文件，并解压缩安装文件，使用 unzip 命令进行解压缩，命令如下：

unzip 10201_database_linux32.zip

5. 数据库安装前的软件检查

需要检查操作系统是否已经安装以下软件（根据安装的操作系统的不同版本号可能不一样，以下的软件包能在操作系统的安装盘内找到）：

```
binutils-2.15.92.0.2-21
compat-db-4.1.25-9
control-center-2.8.0-12.rhel4.5
gcc-3.4.6-3.i386
gcc-c++-3.4.6-3.i386
glibc-2.3.4-2.25
glibc-common-2.3.4-2
gnome-libs-1.4.1.2.90-44.1
libstdc++-3.4.6-3
libstdc++-devel-3.4.6-3
make-3.80-6.EL4
pdksh-5.2.14-30.3
sysstat-5.0.5-11.rhel4
xscreensaver-4.18-5.rhel4.11
```

使用RPM命令查询这些软件是否安装，查询命令如下：

```
rpm -q binutils
```

如图1—1所示是在安装gcc软件包的过程中出现的提示，说明需要安装相关的依赖软件包。

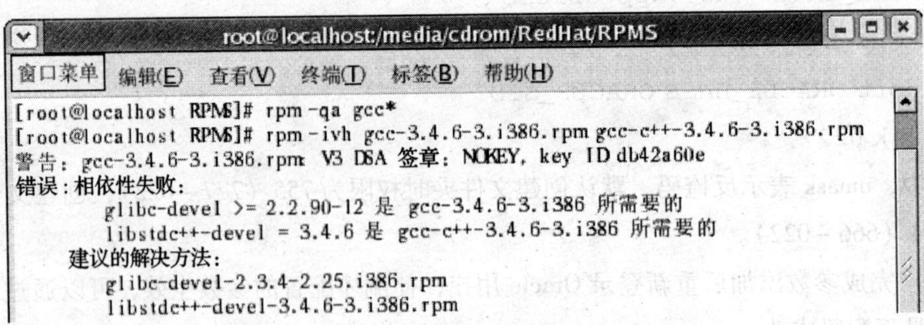

图1—1　gcc软件包安装提示

如图 1—2 所示为安装好依赖软件包后才能进行 gcc 软件包安装。

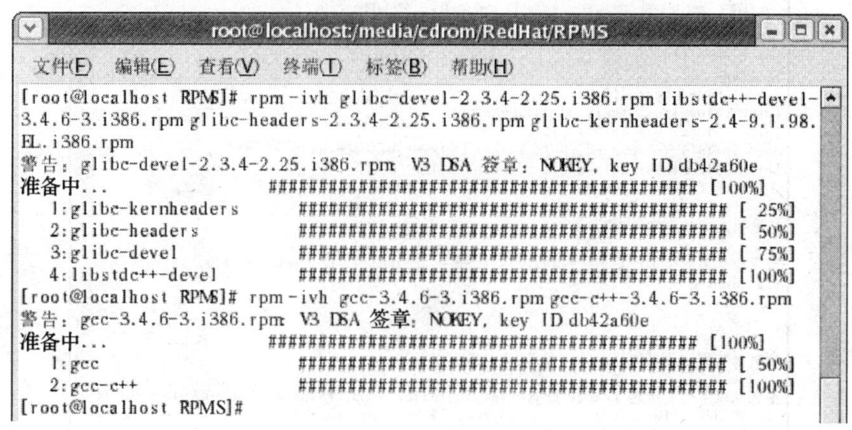
```
[root@localhost RPMS]# rpm -ivh glibc-devel-2.3.4-2.25.i386.rpm libstdc++-devel-3.4.6-3.i386.rpm glibc-headers-2.3.4-2.25.i386.rpm glibc-kernheaders-2.4-9.1.98.EL.i386.rpm
警告：glibc-devel-2.3.4-2.25.i386.rpm: V3 DSA 签章：NOKEY, key ID db42a60e
准备中...                  ########################################### [100%]
   1:glibc-kernheaders     ########################################### [ 25%]
   2:glibc-headers         ########################################### [ 50%]
   3:glibc-devel           ########################################### [ 75%]
   4:libstdc++-devel       ########################################### [100%]
[root@localhost RPMS]# rpm -ivh gcc-3.4.6-3.i386.rpm gcc-c++-3.4.6-3.i386.rpm
警告：gcc-3.4.6-3.i386.rpm: V3 DSA 签章：NOKEY, key ID db42a60e
准备中...                  ########################################### [100%]
   1:gcc                   ########################################### [ 50%]
   2:gcc-c++               ########################################### [100%]
[root@localhost RPMS]#
```

图 1—2　gcc 软件包安装

6. 登录终端执行安装前的命令

（1）使用 root 用户进行终端登录，命令如下：

```
# xhost +
```

（2）切换到 oracle 用户，执行如下命令：

```
# su - oracle
```

在非本地安装需要再执行下面的命令，本地安装不需要执行：

```
$ export DISPLAY =127.0.0.1:0.0
```

如果使用远程终端进行登录，例如 xmanager，要把 127. 0. 0. 1 改为操作计算机的 IP，把 0. 0 改为当前登录的终端号。

7. 安装 Oracle 软件

（1）使用 oracle 用户进行操作，进入到安装目录，执行安装程序，命令如下：

```
./runInstaller
```

执行命令后，打开如图 1—3 所示界面。

（2）等待一会后出现安装界面如图 1—4 所示，请在单击“下一步”按钮时首先确认安装目录“/u01/app/oracle”，其次确认安装类型，在安装过程中不创建 Oracle 的实例，即不能选中“创建启动数据库（附加 720 MB）”这个选项。

（3）完成确认后，单击“下一步”按钮，确认清单目录和身份证明，如图 1—5 所示。

（4）单击“下一步”按钮进入到安装先决条件的检查，如图 1—6 所示。

（5）检查成功单击“下一步”按钮，进入下一步查看安装信息，如图 1—7 所示，可以在概要里再一次确认本次安装的目录是否正确。

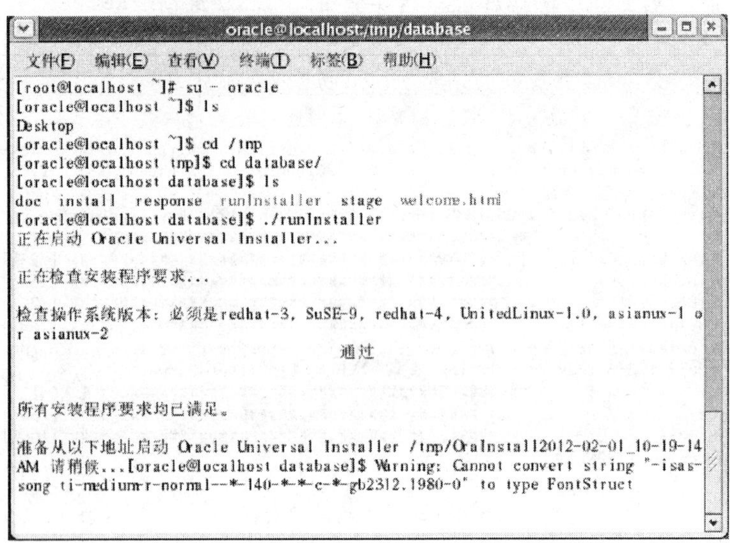

图 1—3　执行安装命令

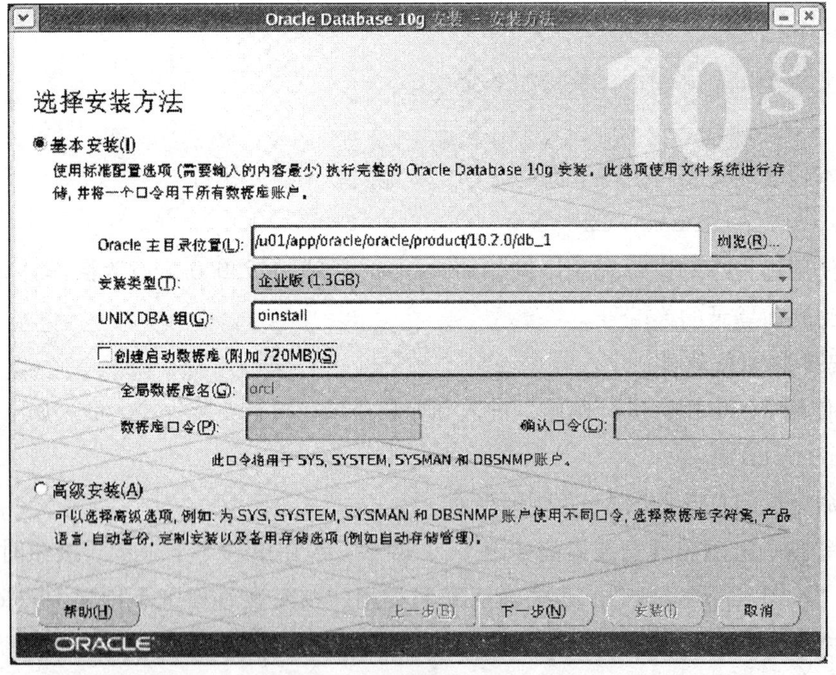

图 1—4　选择安装方法

（6）确认无误，单击“安装”按钮进入安装界面，如图 1—8 所示。

（7）在安装过程中会提示使用 root 用户执行两个脚本，如图 1—9 所示。

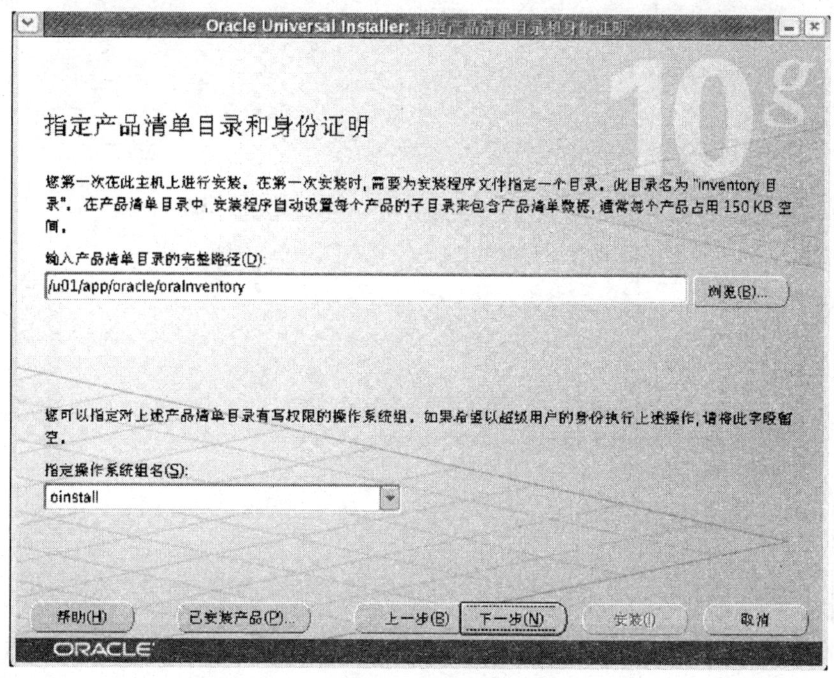

图 1—5　指定产品清单目录和身份证明

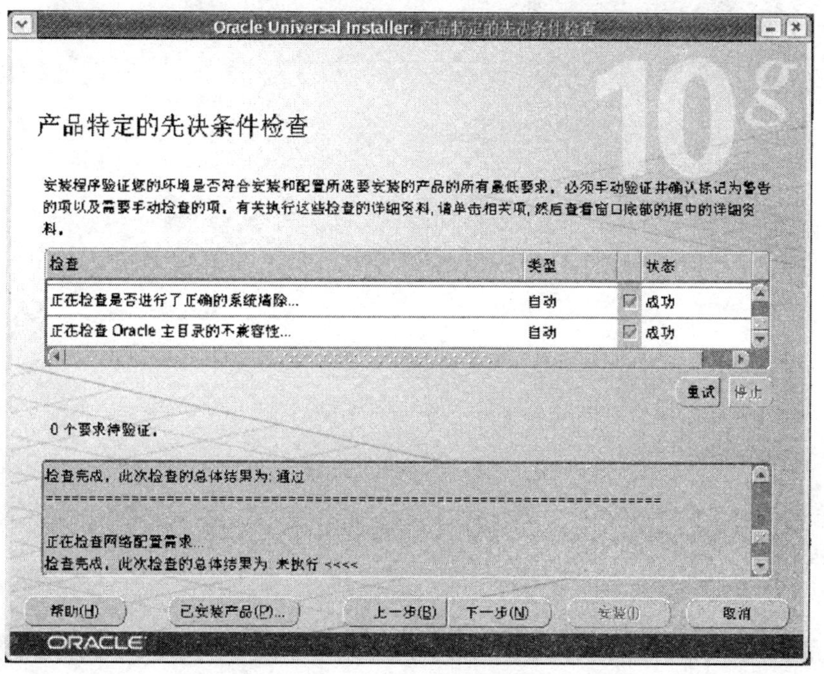

图 1—6　产品特定的先决条件检查

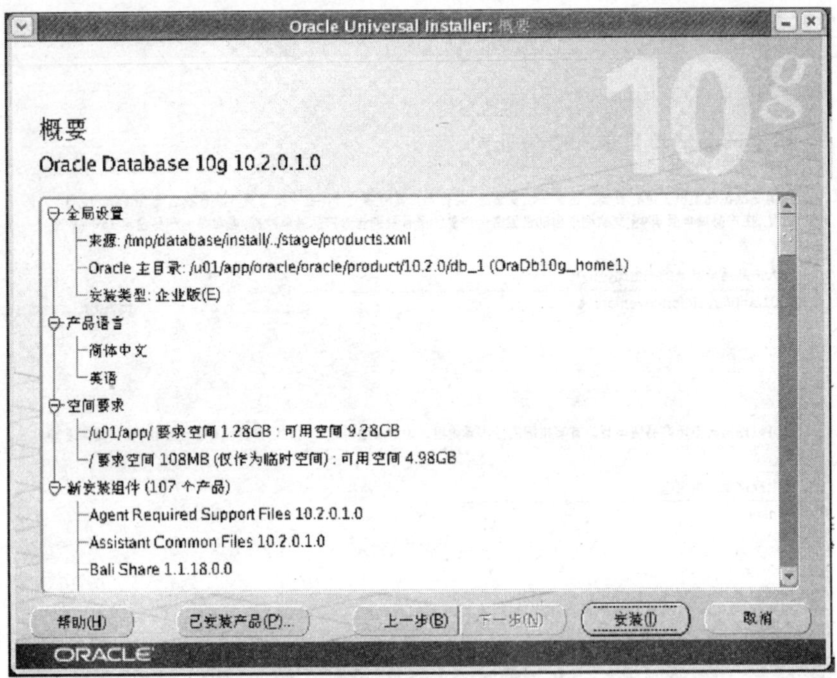

图 1—7　安装概要

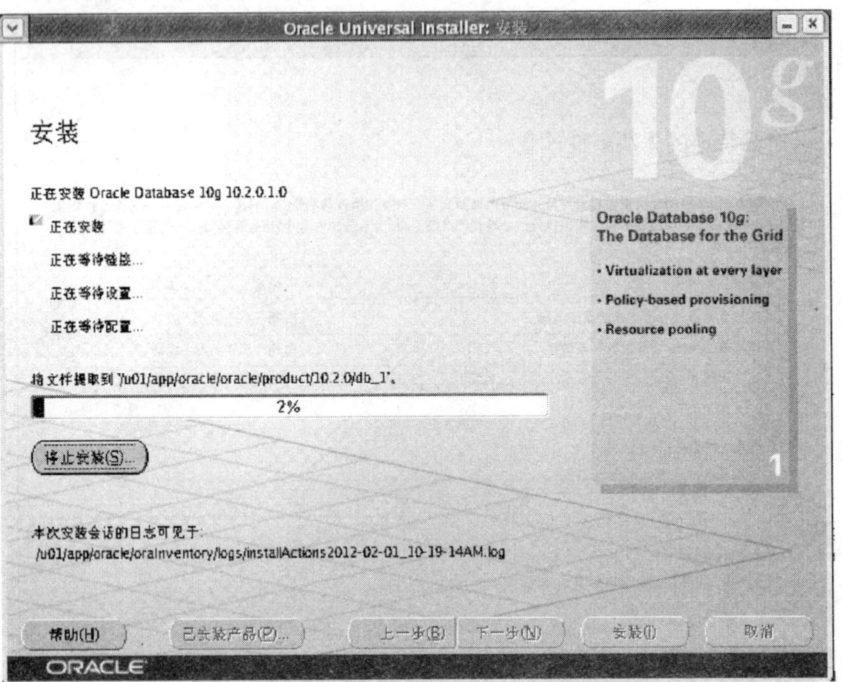

图 1—8　开始安装

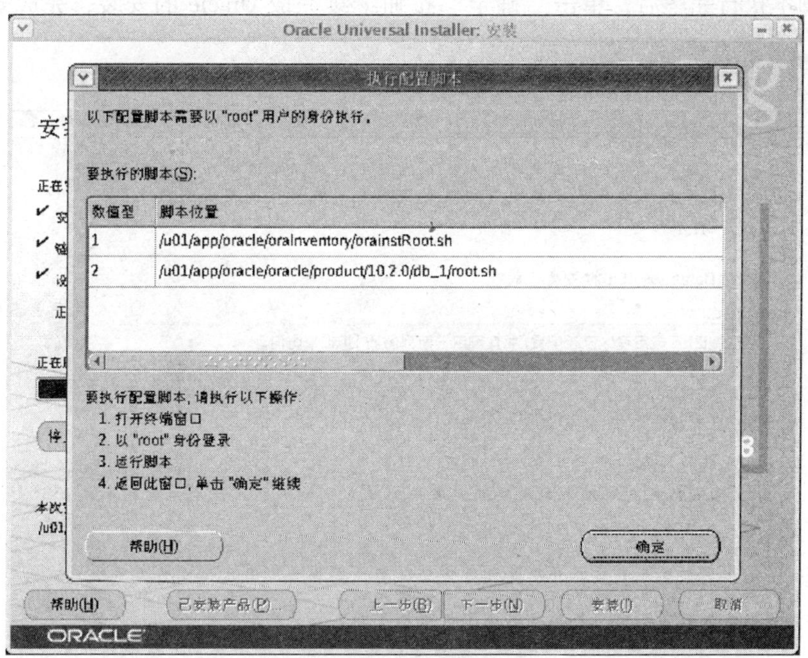

图 1—9　提示执行配置脚本

（8）看到提示后打开终端，按次序执行这两个脚本，如图 1—10 所示，在执行第二个脚本时需要确认本地安装目录，不需要修改直接按 Enter 键确认。

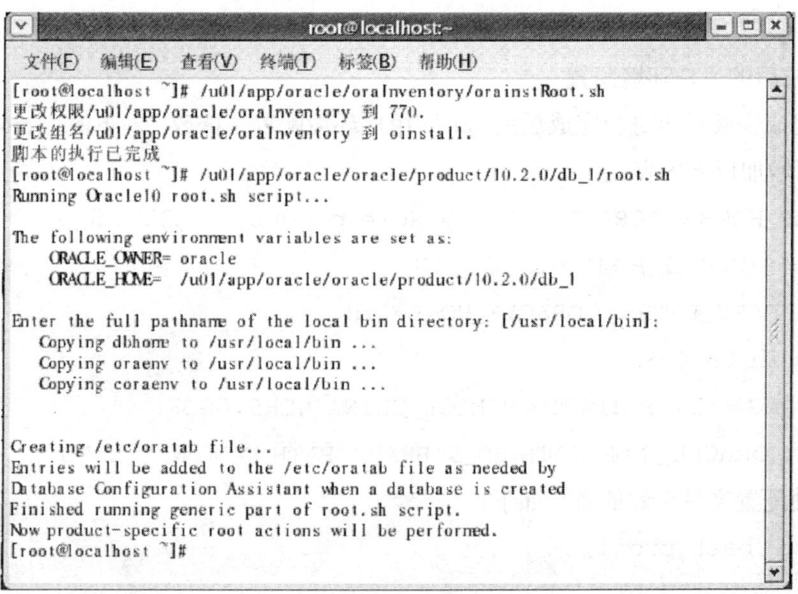

图 1—10　执行配置脚本

（9）脚本执行完毕后，单击“确定”按钮继续完成 Oracle 的安装，完成安装后如图 1—11 所示。

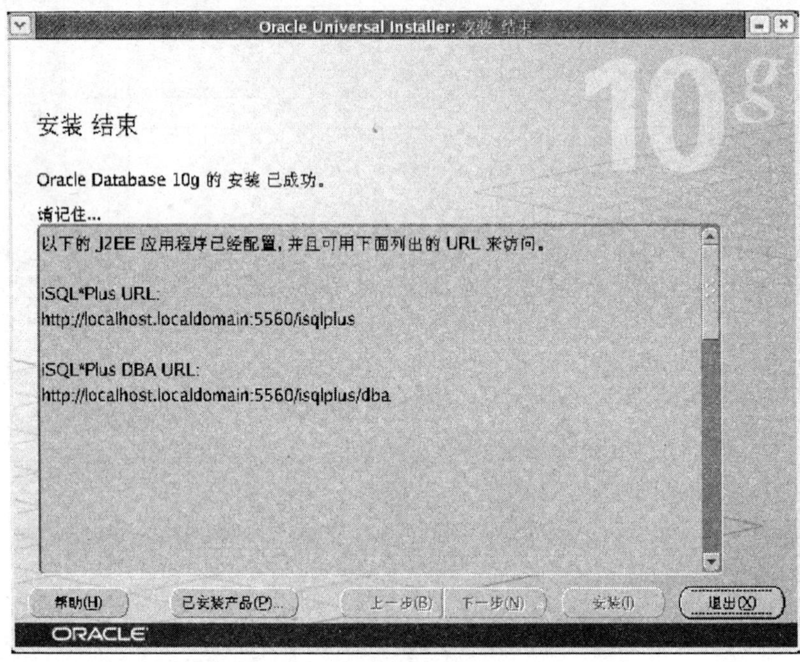

图 1—11　安装结束

（10）单击“退出”按钮完成 Oracle 的软件安装。

8. 完成后的用户环境配置

（1）完成安装后再进行完成后的 oracle 用户环境配置，修改“. bash_ profile”文件，在文件后面增加以下内容：

```
ORACLE_HOME = $ORACLE_BASE/oracle/product/10.2.0/db_1
PATH = $ORACLE_HOME/bin: $PATH
LD_LIBRARY_PATH = $ORACLE_HOME/lib
LANG = zh_CN.GBK
NLS_LANG = "SIMPLIFIED CHINESE_CHINA".ZHS16GBK
export ORACLE_HOME PATH LD_LIBRARY_PATH LANG NLS_LANG
```

（2）使配置文件生效的命令如下：

```
source .bash_profile
```

二、ASM 的安装配置

1. ASM 概述

ASM 英文全称为 Automated Storage Management，即自动存储管理，在 Oracle 10g 版本之前，数据库管理员通过操作系统的磁盘管理对数据库进行磁盘空间的分配及管理，所以，数据库管理员需要了解操作系统与磁盘的相关知识。从 Oracle 10g 开始 Oracle 推出了 ASM 功能，它以与平台无关的方式提供了文件系统、逻辑卷管理器以及软件 RAID 等服务。同时，ASM 还实现了条带化（Striping）和磁盘镜像（Mirroring），从而实现了在数据库被加载的情况下添加或移除磁盘，提高了 I/O 性能和数据可靠性。

Oracle 10g 的 ASM 不是一个通用的文件系统，只能用于 Oracle 数据文件、重做日志以及控制文件。ASM 中的文件既可以由数据库自动创建和命名（通过使用 Oracle 管理文件特性），也可以由 DBA 手动创建和命名。由于操作系统无法访问 ASM 中存储的文件，因此，对使用 ASM 文件的数据库执行备份和恢复操作的唯一途径就是通过恢复管理器（RMAN）。

ASM 作为单独的 Oracle 实例实施，只有它在运行之中其他数据库才能访问。在 Linux 上，只有运行 OCSSD 服务（由 Oracle 通用安装程序默认安装）才能使用 ASM。ASM 需要的内存不多，对于大多数系统，只需要 64 MB。

ASM 的扩展性如下：

（1）最多支持 63 个磁盘组。

（2）最多支持 10 000 个磁盘。

（3）最大支持 4 PB/磁盘。

（4）最大支持 40 EB/ASM 存储。

（5）最大支持 100 万个文件/磁盘组。

（6）外部冗余时单个文件最大为 35 TB，标准冗余时单个文件最大为 5.8 TB，高冗余度时单个文件最大为 3.9 TB。

2. 安装 ASM 软件

在 Linux 平台上，ASM 可以使用原始设备，或使用通过 ASMLib 接口管理的设备。出于易于使用和性能方面的原因，Oracle 建议在原始设备上使用 ASMLib。ASMLib 现在可以从 OTN 免费下载。本部分将逐步讲解使用 ASMLib 配置一个简单 ASM 实例和构建一个使用 ASM 进行磁盘存储的数据库的全过程。

安装前确定所需的 ASMLib 版本，ASMLib 以三个 Linux 程序包组成的程序包集提供：

（1）oracleasmlib - ASM 库。

（2）oracleasm-support 用于管理 ASMLib 的实用程序。

（3）oracleasm-ASM 库的内核模块。

每个 Linux 发行套件都有其自己的 ASMLib 程序包集。在每个发行套件中，每个内核版本都有一个相应的 oracleasm 程序包。

以下部分介绍在 Linux 操作系统下如何确定所需的程序包集。

首先，以 root 用户身份登录并运行以下命令来确定所使用的内核：

```
uname -a
```

例如：

```
#uname -a
Linux localhost.localdomain 2.6.9-42.ELsmp #1 SMP Wed Jul 12 23:27:
17 EDT 2006 i686 athlon i386 GNU/Linux
```

该示例表明，这是一个使用 Intel i686 CPU 的 SMP（多处理器）系统的 2.6.9-42 内核。

到 Oracle 的网站上查找相应的 ASMLib 程序包，本例安装的操作系统为 Red Hat Enterprise Linux 4，下载相应操作系统的 ASM 安装包网址为：http://www.oracle.com/technetwork/server-storage/linux/downloads/rhel4-092650.html，选择对应的内核版本，本例安装 ASM 有五个 RPM 包要下载，具体内容如图 1—12 所示。

Intel IA32 (x86) Architecture

Library and Tools

- oracleasm-support-2.1.7-1.el4.i386.rpm
- oracleasmlib-2.0.4-1.el4.i386.rpm

Drivers for kernel 2.6.9-42.EL

- oracleasm-2.6.9-42.ELsmp-2.0.3-1.i686.rpm
- oracleasm-2.6.9-42.ELhugemem-2.0.3-1.i686.rpm
- oracleasm-2.6.9-42.EL-2.0.3-1.i686.rpm

图 1—12　对应安装包

具体操作步骤如下：

第一步，从 Web 浏览器进入 Oracle 下载 ASM 的地址，现下载地址是（http://www.oracle.com/us/technologies/linux/index-101839.html）。

第二步，选择适用 Linux 版本的链接，如 Red Hat Enterprise Linux 4 AS。

第三步，下载适用于 Linux 版本的 oracleasmlib 和 oracleasm-support 程序包。

第四步，下载与内核相对应的 oracleasm 程序包；对于以上示例，下载 oracleasm-2.6.9-42.EL-2.0.3-1.i686.rpm 程序包。

第五步，以 root 用户身份执行以下的命令安装 ASM 程序包：

```
rpm -ivh oracleasm-2.6.9-42.EL-2.0.3-1.i686.rpm \
oracleasm-2.6.9-42.ELhugemem-2.0.3-1.i686.rpm \
oracleasm-2.6.9-42.ELsmp-2.0.3-1.i686.rpm \
```

```
oracleasmlib -2.0.4 -1.el4.i386.rpm \
oracleasm - support -2.1.7 -1.el4.i386.rpm
```

在安装过程中如果提示依赖性错误，请先安装相关依赖的软件包，如图 1—13 所示为安装过程中系统抛出的错误信息。

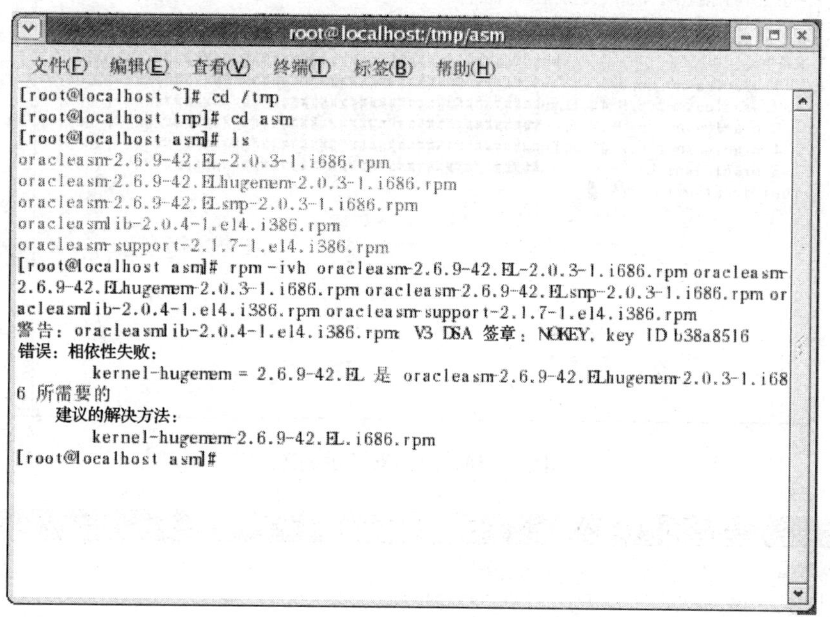

图 1—13　错误信息

安装好相关联的依赖程序包后就可以进行 ASM 的安装，图 1—14 所示为安装成功的示例图。

3. 配置 ASMLib

使用 ASMLib 之前，必须运行配置脚本，初始化 ASMLib 运行的相关参数。

使用 root 用户运行以下命令：

```
/etc/init.d/oracleasm configure
```

在本例的配置过程中需要输入四个选项，分别为 ASMLib 的默认用户和默认用户组，以及系统启动时是否启动 ASMLib 驱动和启动时是否对 ASMLib 进行检查，响应过程如图 1—15 示例中所显示的提示（各版本中可能存在差异）。

4. 启动 ASMLib

安装 ASMLib 后使用下面的命令启用 ASMLib 驱动程序：

```
/etc/init.d/oracleasm enable
```

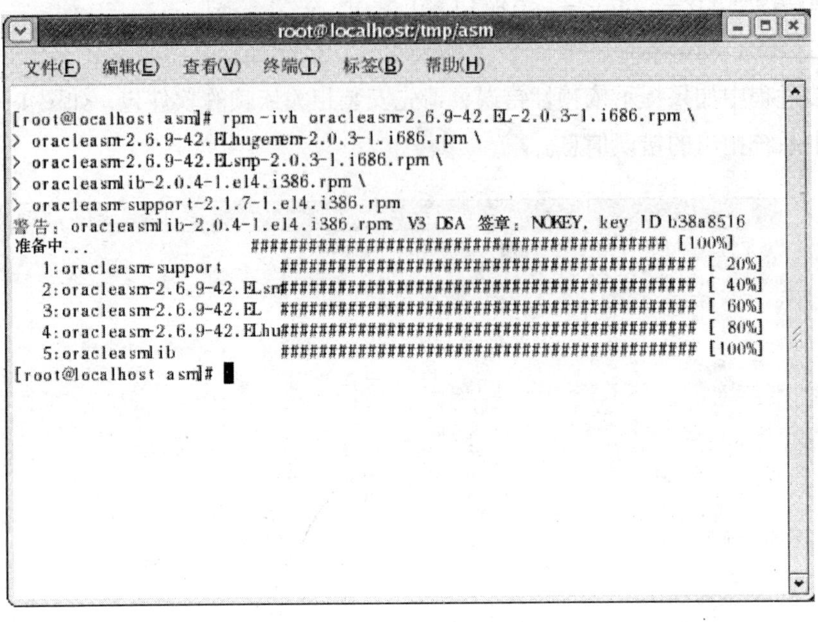

```
root@localhost:/tmp/asm
文件(F) 编辑(E) 查看(V) 终端(T) 标签(B) 帮助(H)
[root@localhost asm]# rpm -ivh oracleasm-2.6.9-42.EL-2.0.3-1.i686.rpm \
> oracleasm-2.6.9-42.ELhugemem-2.0.3-1.i686.rpm \
> oracleasm-2.6.9-42.ELsmp-2.0.3-1.i686.rpm \
> oracleasmlib-2.0.4-1.el4.i386.rpm \
> oracleasm-support-2.1.7-1.el4.i386.rpm
警告：oracleasmlib-2.0.4-1.el4.i386.rpm: V3 DSA 签章：NOKEY, key ID b38a8516
准备中...                ########################################### [100%]
   1:oracleasm-support   ########################################### [ 20%]
   2:oracleasm-2.6.9-42.ELsm########################################### [ 40%]
   3:oracleasm-2.6.9-42.EL  ########################################### [ 60%]
   4:oracleasm-2.6.9-42.ELhu########################################### [ 80%]
   5:oracleasmlib        ########################################### [100%]
[root@localhost asm]#
```

图 1—14　成功安装示例图

```
root@localhost:/tmp/asm
文件(F) 编辑(E) 查看(V) 终端(T) 标签(B) 帮助(H)
[root@localhost asm]# /etc/init.d/oracleasm configure
Configuring the Oracle ASM library driver.

This will configure the on-boot properties of the Oracle ASM library
driver.  The following questions will determine whether the driver is
loaded on boot and what permissions it will have.  The current values
will be shown in brackets ('[]').  Hitting <ENTER> without typing an
answer will keep that current value.  Ctrl-C will abort.

Default user to own the driver interface []: oracle      <- 这里输入 oracle 用户
Default group to own the driver interface []: dba        <- 输入所在用户组
Start Oracle ASM library driver on boot (y/n) [n]: y     <- 输入 y
Scan for Oracle ASMdisks on boot (y/n) [y]: y            <- 输入 y
Writing Oracle ASM library driver configuration: done
Initializing the Oracle ASMLib driver:                     [  OK  ]
Scanning the system for Oracle ASMLib disks:               [  OK  ]
[root@localhost asm]#
```

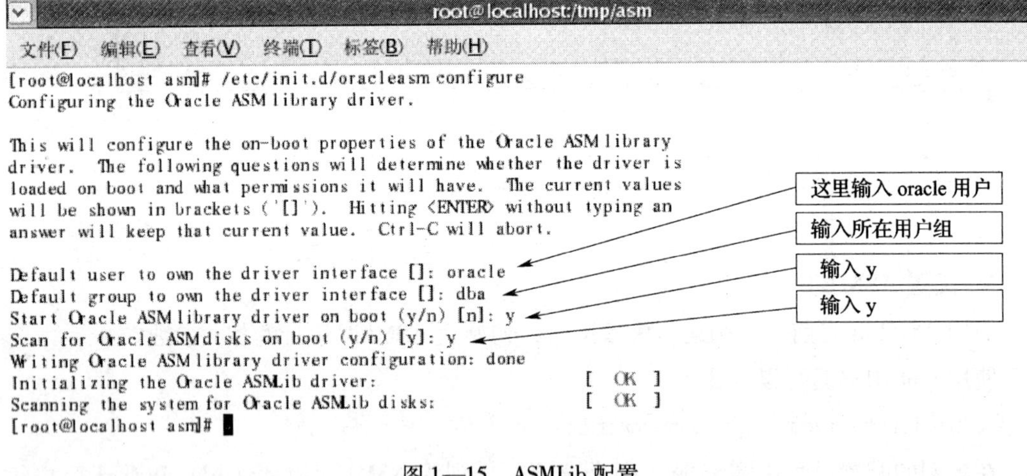

图 1—15　ASMLib 配置

如图 1—16 所示为成功启动 ASMLib 的驱动程序。

```
[root@localhost asm]# /etc/init.d/oracleasm enable
Writing Oracle ASM library driver configuration: done
Initializing the Oracle ASMLib driver:                     [  OK  ]
Scanning the system for Oracle ASMLib disks:               [  OK  ]
```

图 1—16　启动 ASMLib

5. 配置 ASM 磁盘

接下来，告诉 ASM 驱动程序所要使用的磁盘。请注意，这些磁盘是不包含任何内容（甚至不包含分区）的空磁盘。可以将磁盘分区用于 ASM，但建议不要这样做。

通过以 root 用户身份运行以下命令来标记由 ASMLib 使用的磁盘：

```
/etc/init.d/oracleasm createdisk DISK_NAME device_name
```

特别提示：DISK_ NAME 应由大写字母组成，原因是在较早的一些版本中有个错误，即如果使用小写字母，ASM 实例将无法识别磁盘，所以建议在创建 ASM 磁盘时，对磁盘的命名使用大写字母。

例如：

```
/etc/init.d/oracleasm createdisk VOL1 /dev/VolOracle/Log Data
```

执行结果如图 1—17 所示。

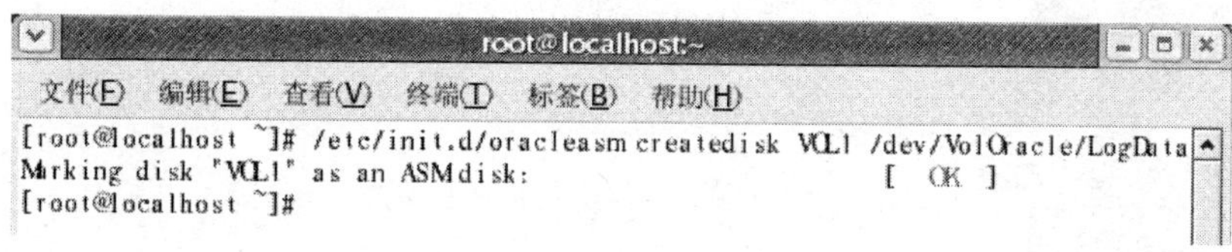

图 1—17 配置磁盘

以下示例演示了如何列出由 ASMLib 使用的所有磁盘。

```
# /etc/init.d/oracleasm listdisks
```

执行结果如图 1—18 所示。

```
[root@localhost ~]# /etc/init.d/oracleasm listdisks
VOL1
[root@localhost ~]#
```

图 1—18 ASM 磁盘列表

6. 创建 ASM 实例

既然已经安装了 ASMLib，且已将磁盘标记为可用，下面便可以创建一个 ASM 实例，并构建一个使用 ASM 进行磁盘存储的数据库。最容易的方法就是使用数据库配置助手（DBCA）来完成此操作。

以 oracle 用户身份登录并启动 DBCA：

```
$dbca
```

（1）使用 root 用户登录终端，执行如下命令：

```
# xhost +
```

（2）切换到 oracle 用户，执行如下命令：

```
# su - oracle
```

（3）执行 DBCA 命令（如果运行时系统提示“command not found”，原因是没有为执行该命令的用户配置相应的参数，请参考 Oracle 安装前的配置方法），命令如下：

```
$ dbca
```

（4）执行 DBCA 命令后会打开“Database Configuration Assistant：欢迎使用”的操作窗口，如图 1—19 所示。

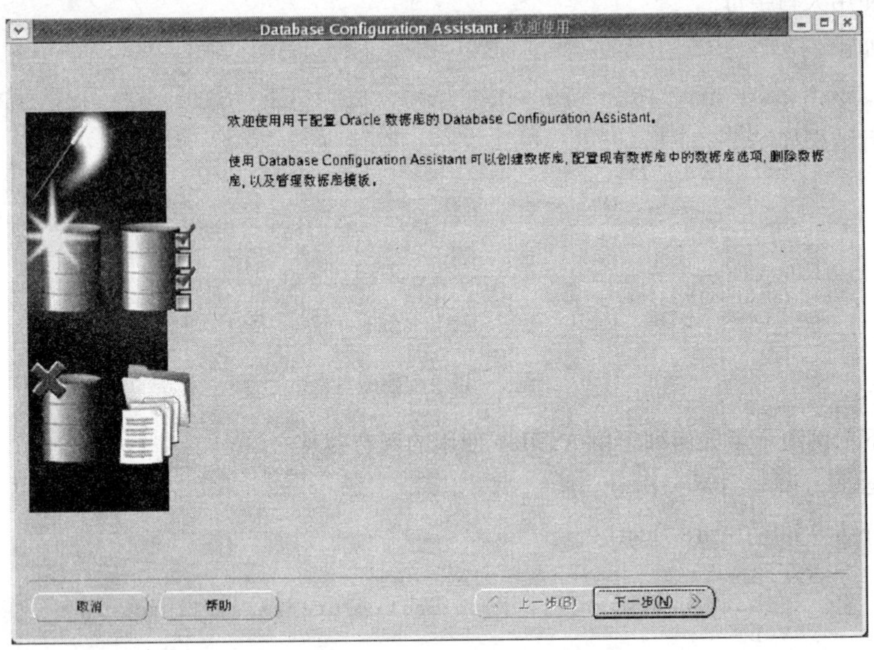

图 1—19　DBCA 欢迎窗口

（5）在欢迎窗口中单击“下一步”按钮，进入数据库实例操作界面，如图 1—20 所示。

（6）选择“创建数据库”，单击“下一步”按钮，选择创建数据库实例的模板，如图 1—21 所示。

（7）在数据库模板中使用默认选项“一般用途”，然后单击“下一步”按钮进入设置创建的数据库实例名的操作界面，如图 1—22 所示。

（8）这里设置数据库实例名为“PX”，单击“下一步”按钮，如图 1—23 所示，选择是否启用“Oracle Enterprise Manager Grid Control”系统。

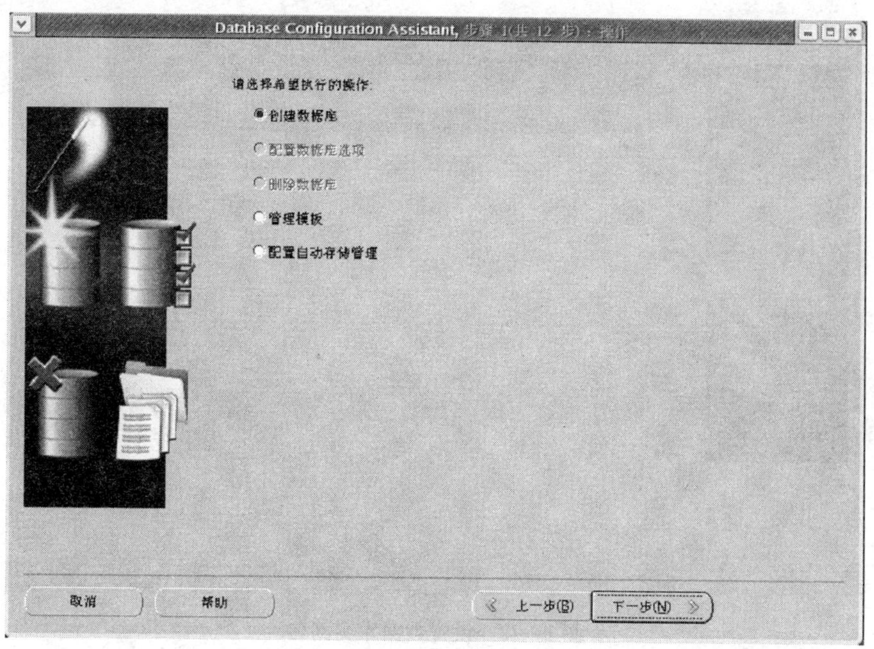

图 1—20　操作界面

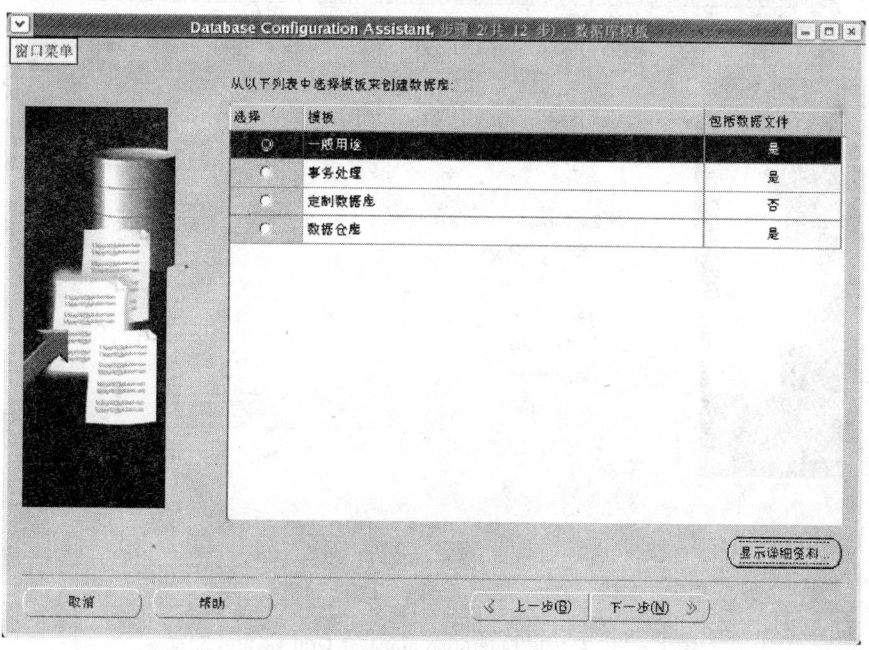

图 1—21　数据库模板

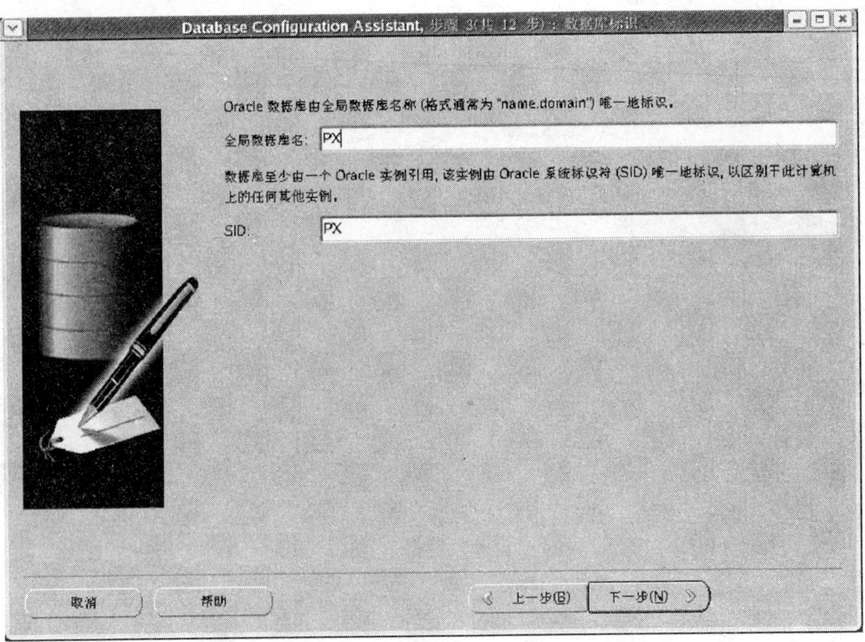

图 1—22　设置数据库实例名

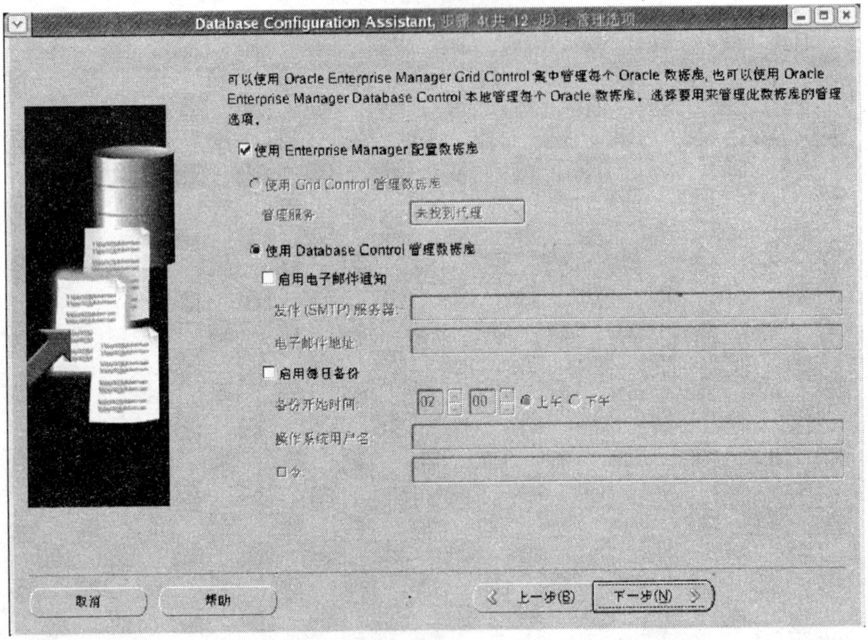

图 1—23　Oracle Enterprise Manager Grid Control 配置

（9）这里选择默认启动“Oracle Enterprise Manager Grid Control”系统，单击“下一步”按钮，进入指定账户口令的操作界面。在该界面里可以为所有账户指定使用同一个口令或者指定不同的口令，本例中将使用同一口令进行操作（口令的设定根据实例情况进行设置），如图 1—24 所示。

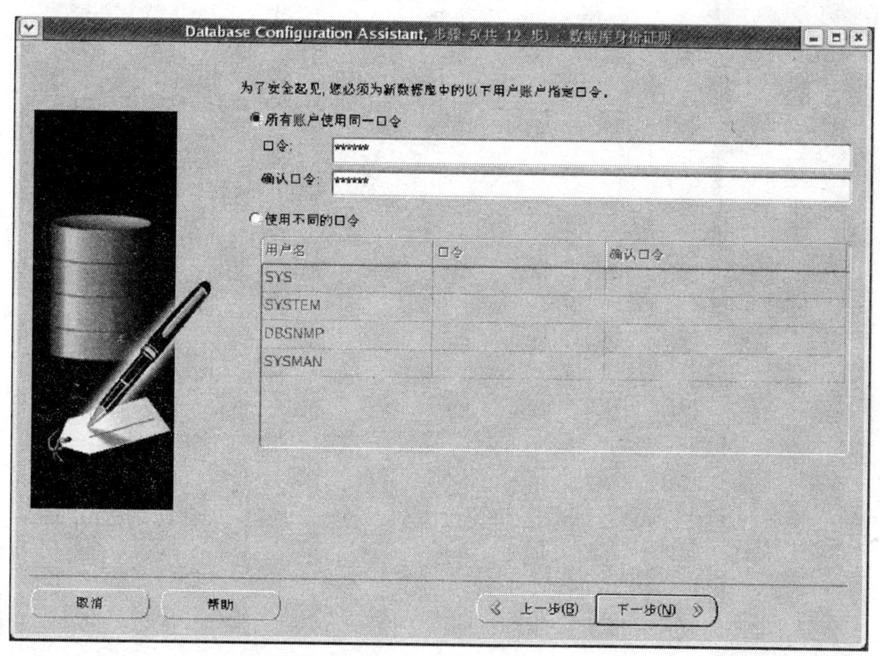

图 1—24　口令设置

（10）录入口令后单击“下一步”按钮，进入存储选项界面，如图 1—25 所示。

（11）这里选择“自动存储管理（ASM）”选项，单击“下一步”按钮，将会弹出执行脚本的提示，该脚本需要使用 root 用户进行执行，如图 1—26 所示。

（12）打开一个终端，以 root 用户执行警告内所写的脚本，执行结果如图 1—27 所示。

（13）脚本执行完毕后，回到图 1—26 所示的安装步骤，单击“确定”按钮进入下一步创建 ASM 实例，如图 1—28 所示。

（14）输入 ASM 的创建口令后单击“下一步”按钮，提示创建并启动 ASM 实例，如图 1—29 所示。

（15）单击“确定”按钮开始创建 ASM 实例，如图 1—30 所示。

7．构建使用 ASM 进行磁盘存储的数据库

（1）ASM 实例创建完毕后进入创建 ASM 磁盘组界面，如图 1—31 所示。

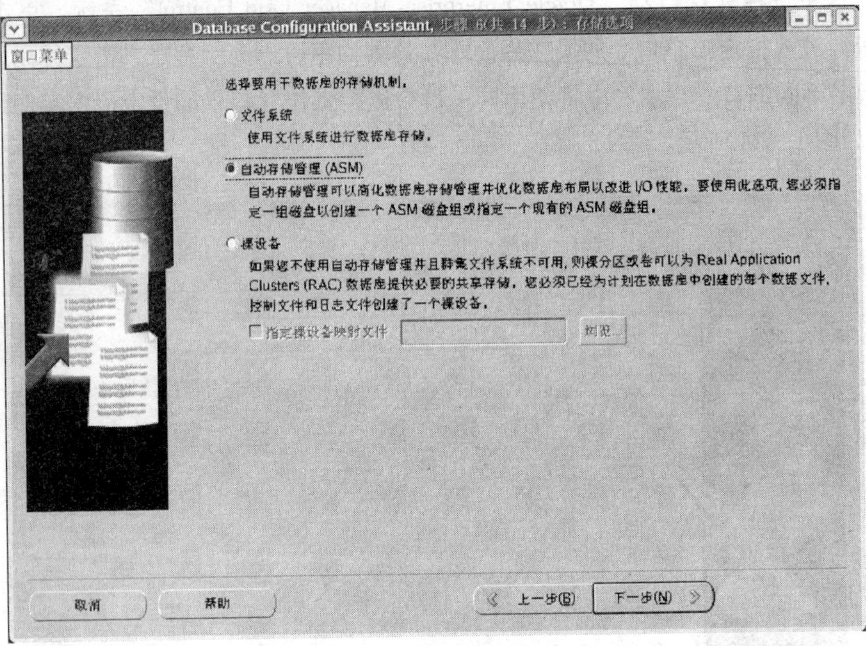

图 1—25　存储选择

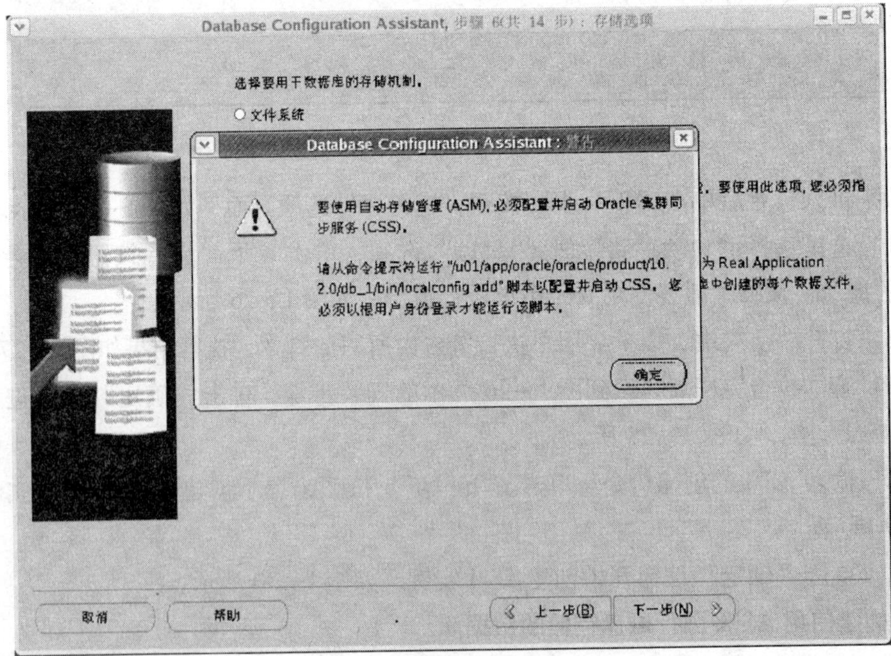

图 1—26　执行脚本提示

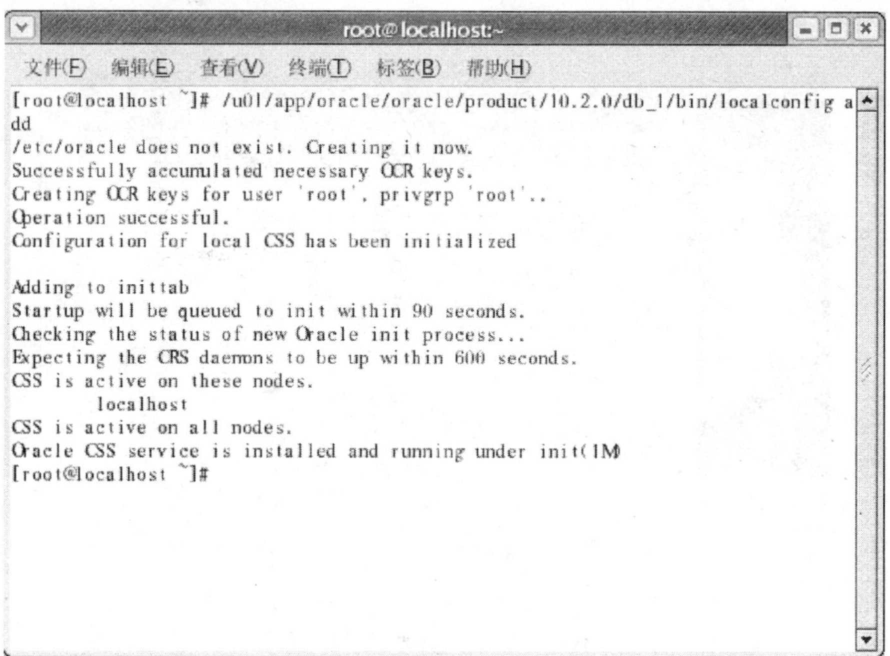

图 1—27　脚本执行

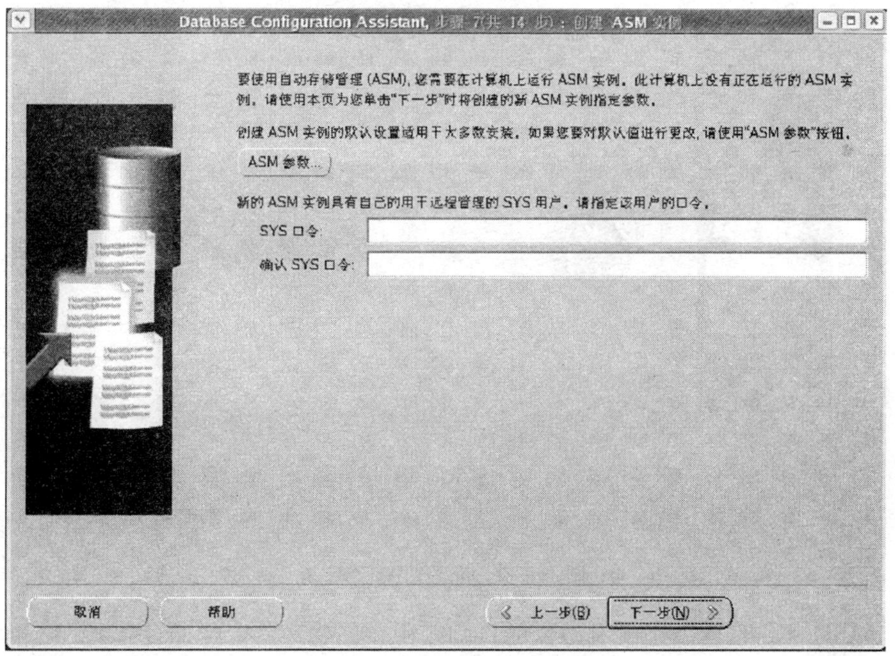

图 1—28　创建 ASM 实例

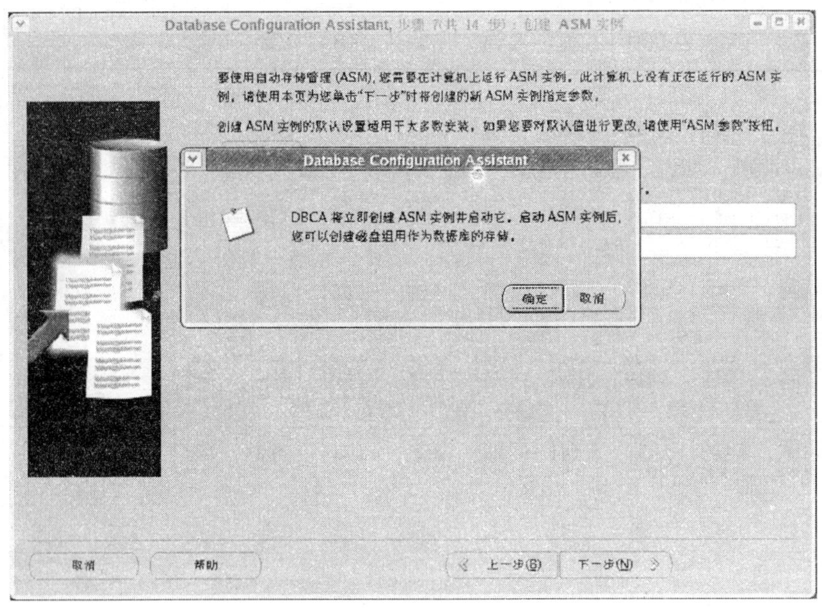

图 1—29　立即创建 ASM 实例

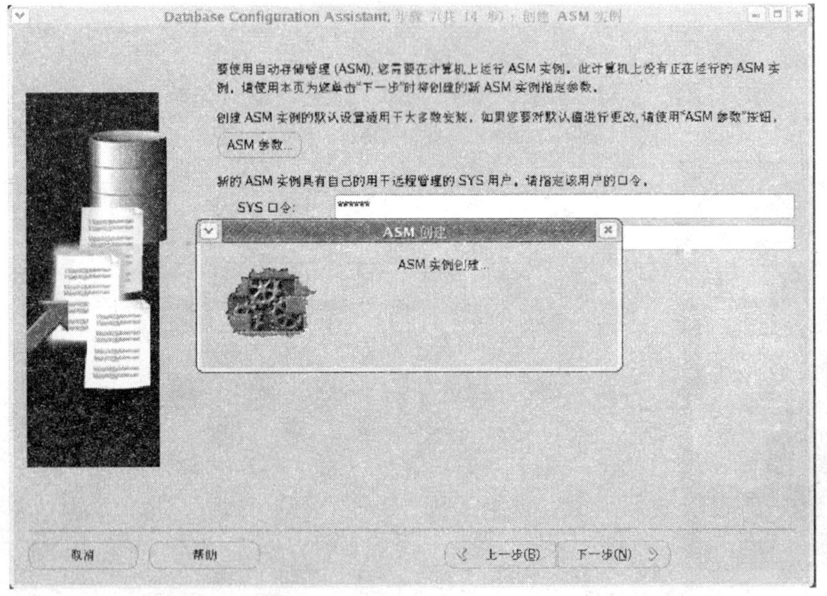

图 1—30　创建 ASM 实例中

（2）ASM 实例创建后是没有磁盘的，所以需要创建，单击“新建”按钮，弹出创建磁盘组界面，如图 1—32 所示。

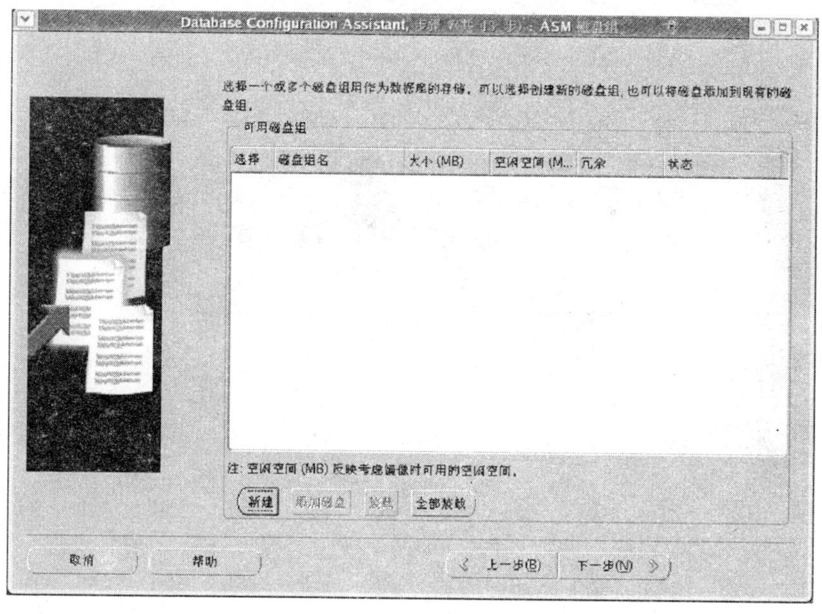

图 1—31　创建 ASM 磁盘组界面

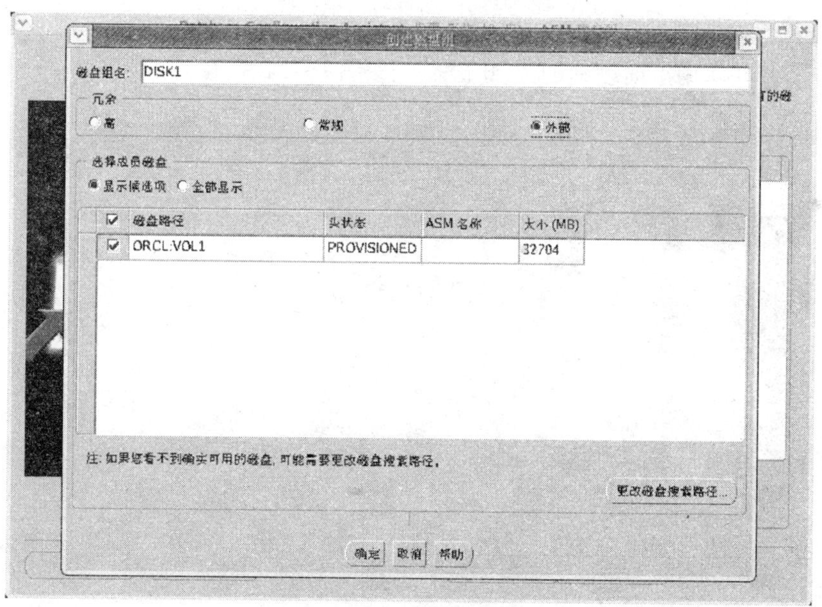

图 1—32　创建磁盘组界面

（3）录入磁盘组名为“DISK1”，选择冗余方式为“外部”，选择已有的 ASM 磁盘后单击“确定”按钮，开始 ASM 磁盘组创建，如图 1—33 所示。

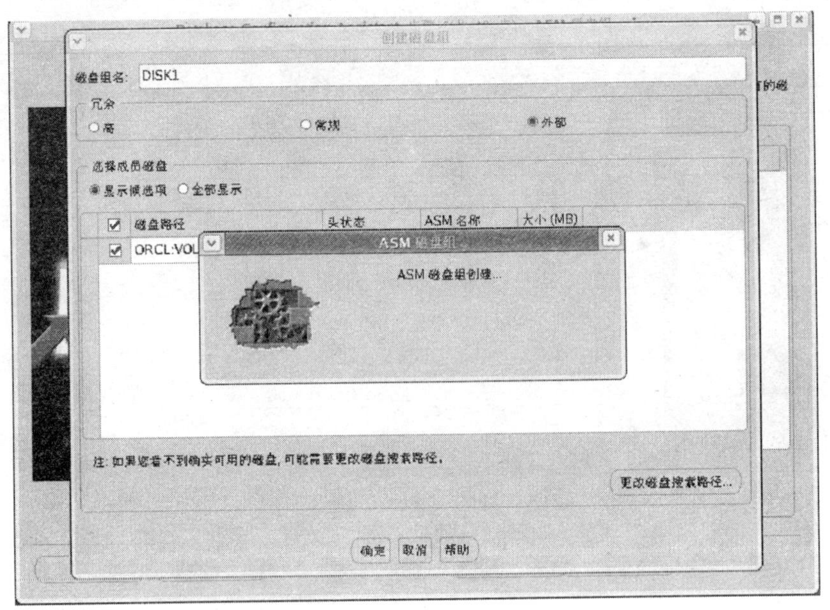

图 1—33　创建 ASM 磁盘组

（4）创建完成后回到图 1—28 所示的界面，单击“下一步”按钮后进入数据库文件位置选择界面，并使用上面创建的 ASM 磁盘，如图 1—34 所示。

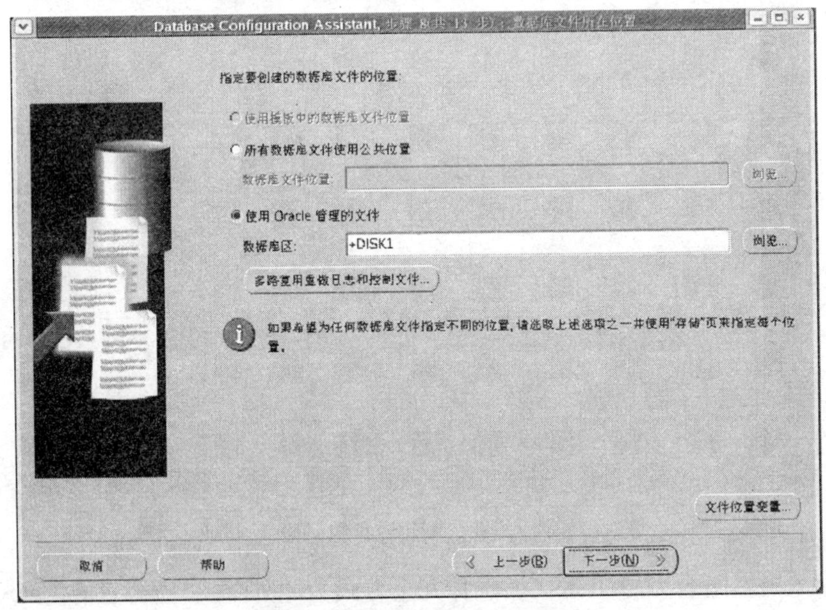

图 1—34　数据库文件位置选择

（5）确认后单击“下一步”按钮，选择数据库的恢复选项，本次创建的实例使用快速恢复区，并指定快速恢复区的大小为 2 048 MB，如图 1—35 所示。

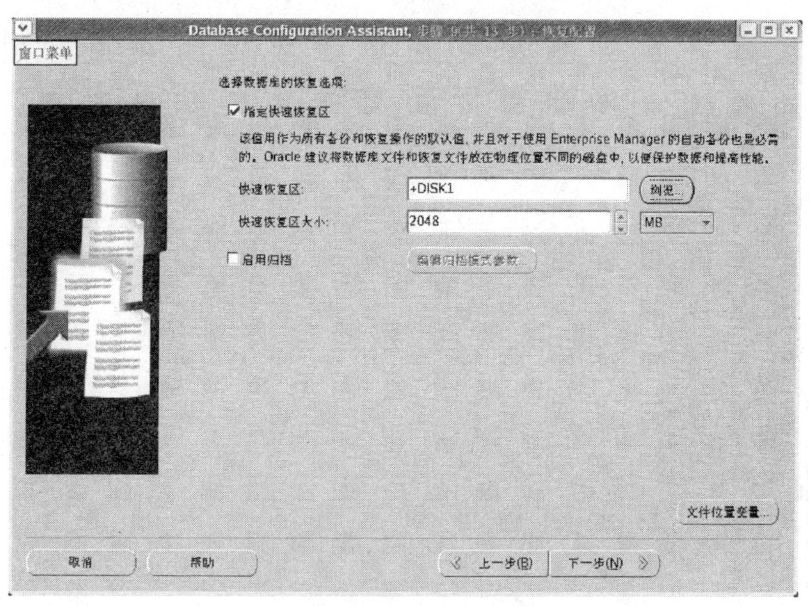

图 1—35　恢复区配置

（6）确认后单击“下一步”按钮进入数据库内容设定界面，本示例不需要示例方案并且不使用定制脚本，如图 1—36 所示。

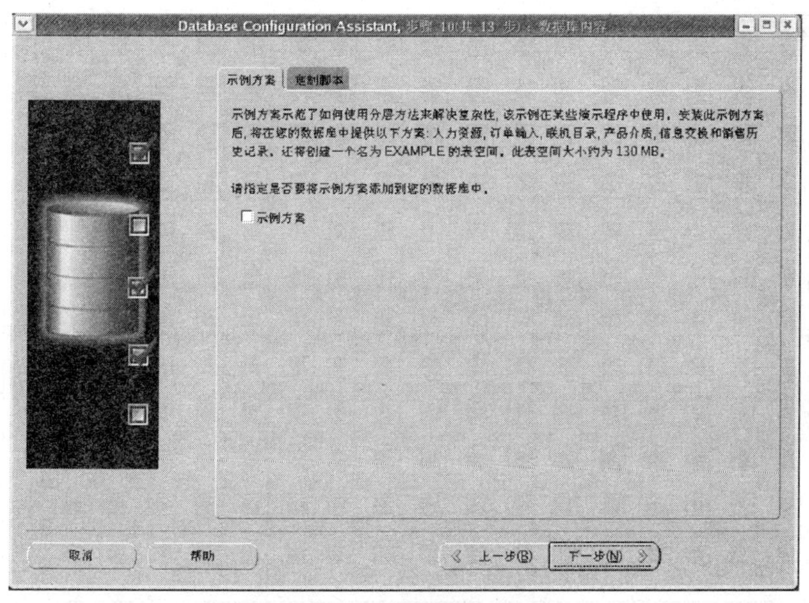

图 1—36　数据库内容设定

（7）确认后单击“下一步”按钮进入数据库初始化参数设定界面，设置本实例将使用操作系统40%的内存，如图1—37所示。

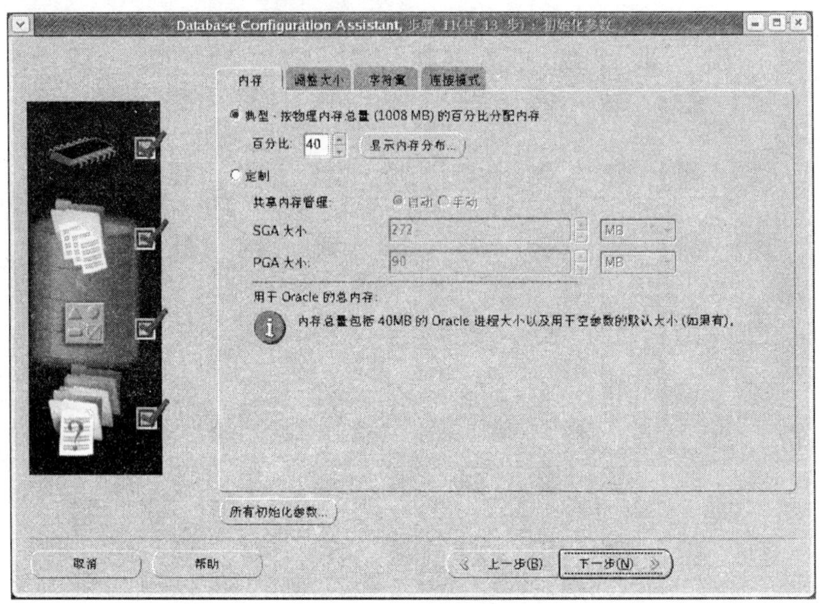

图1—37　初始化参数

（8）确认后单击“下一步”按钮，进入数据库存储界面，该页面内记录将要创建实例的相关信息（包括控制文件位置、数据文件位置及重做日志组的信息），如图1—38所示。

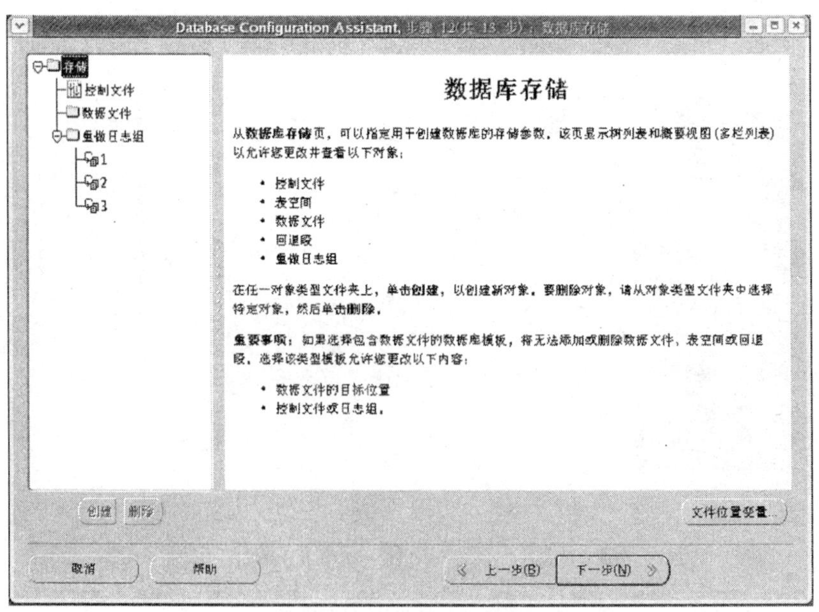

图1—38　实例信息

（9）查看并确认后单击“下一步”按钮，进入数据库创建选项界面，本次操作将创建数据库实例，所以必须选中“创建数据库”选项，如图 1—39 所示。

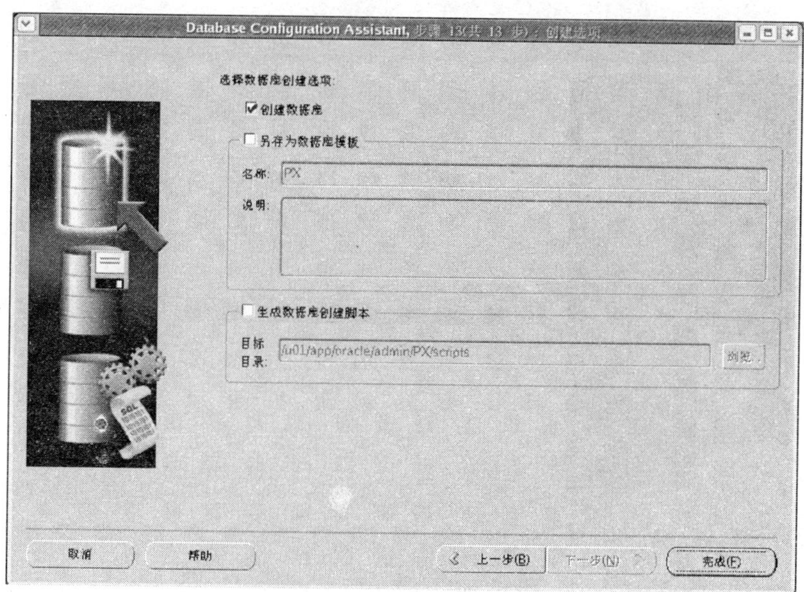

图 1—39　创建数据库选项

（10）查看并确认后单击“完成”按钮，进入数据库创建确认界面，将列出创建数据库的所有信息及参数，如图 1—40 所示。

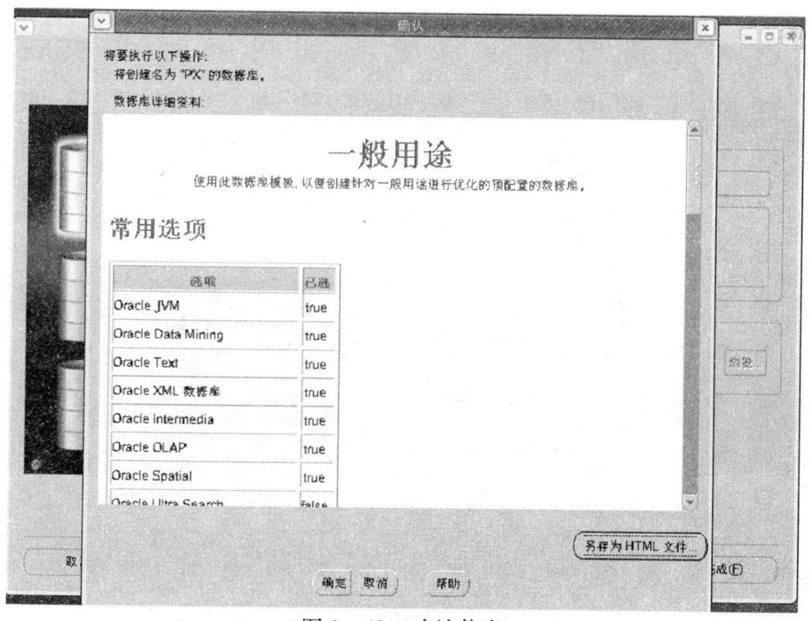

图 1—40　确认信息

（11）查看参数后单击“确定”按钮，开始创建数据库，如图 1—41 所示。

图 1—41　正在创建数据库

（12）等待创建结束后，单击“退出”按钮，完成数据库实例的创建，如图 1—42 所示。

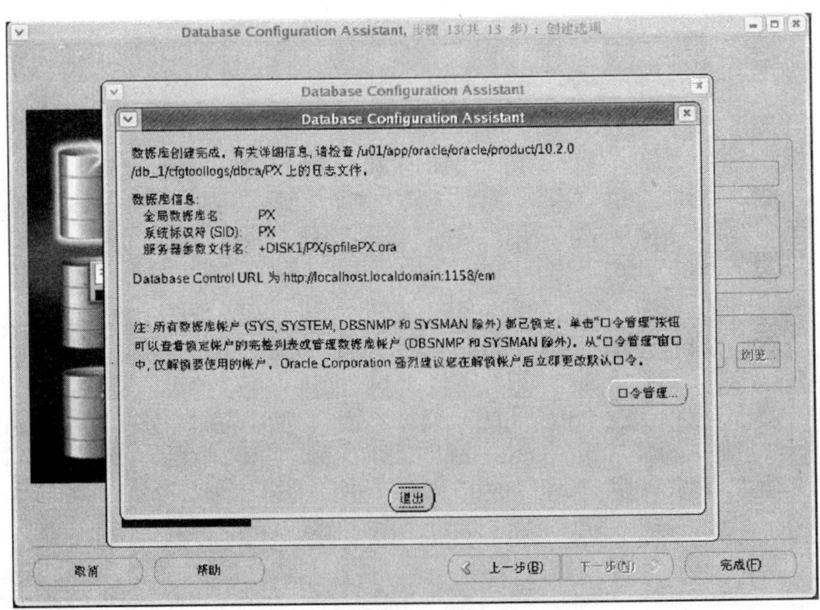

图 1—42　完成数据库实例的创建

新创建的数据库实例只能进行本地访问，局域网内其他计算机要想访问此数据库实例，还需要配置监听程序，以下将说明具体配置的方法。

三、网络环境配置

1. 初始化监听程序

监听程序是 Oracle 基于服务器端的一种网络服务，主要用于监听客户端向数据库服务器端提出的连接请求。既然是基于服务器端的服务，那么它也只存在于数据库服务器端，所以监听程序的设置也是在数据库服务器端上进行。

（1）在 Linux 服务器上启动监听程序。使用 oracle 用户打开 Linux 终端，在终端内执行 netca 命令，执行命令后会打开“Oracle Net Configuration Assistant：欢迎使用”的操作界面，如图 1—43 所示。

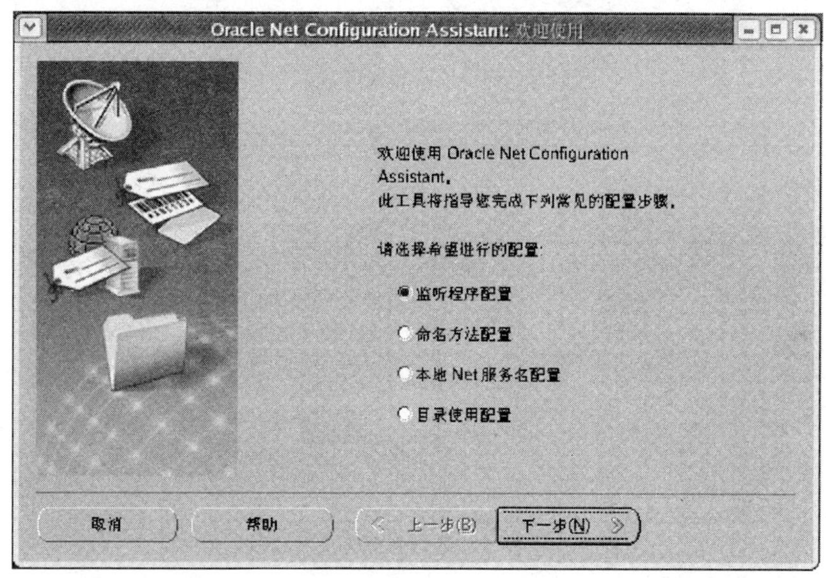

图 1—43　“Oracle Net Configuration Assistant：欢迎使用”操作界面

特别提示：在执行 netca 命令时如打不开“Oracle Net Configuration Assistant：欢迎使用”的操作界面，请使用 root 用户执行“xhost +”命令后再次使用 oracle 用户执行 netca 命令。

（2）选择“监听程序配置”后单击“下一步”按钮，进入到“监听程序配置”界面，如图 1—44 所示。

（3）选择“添加”后单击“下一步”按钮，进入到“监听程序名”的设置界面，这里必须配置一个监听程序名，如 LISTENER，如图 1—45 所示。

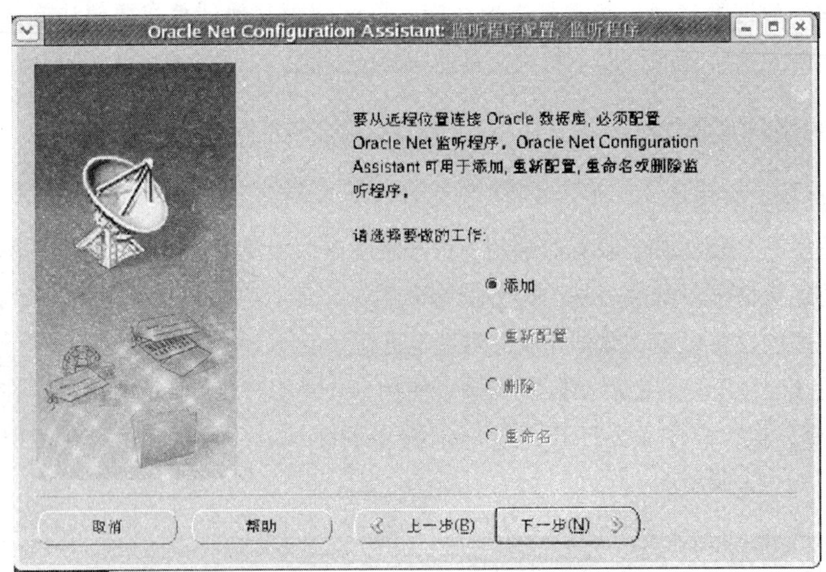

图 1—44　监听程序配置界面

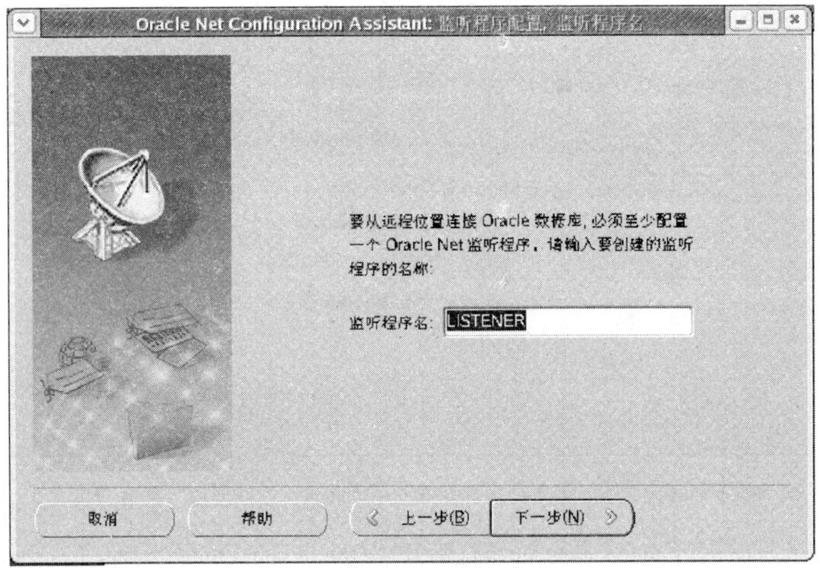

图 1—45　“监听程序名”设置界面

（4）输入并确认监听程序名后单击“下一步”按钮，进入“监听程序选择协议”设置界面，如图 1—46 所示。

（5）默认选定的协议为“TCP”，这里使用默认值单击“下一步”按钮，进入到“TCP/IP 协议端口配置”的设置界面，如图 1—47 所示。

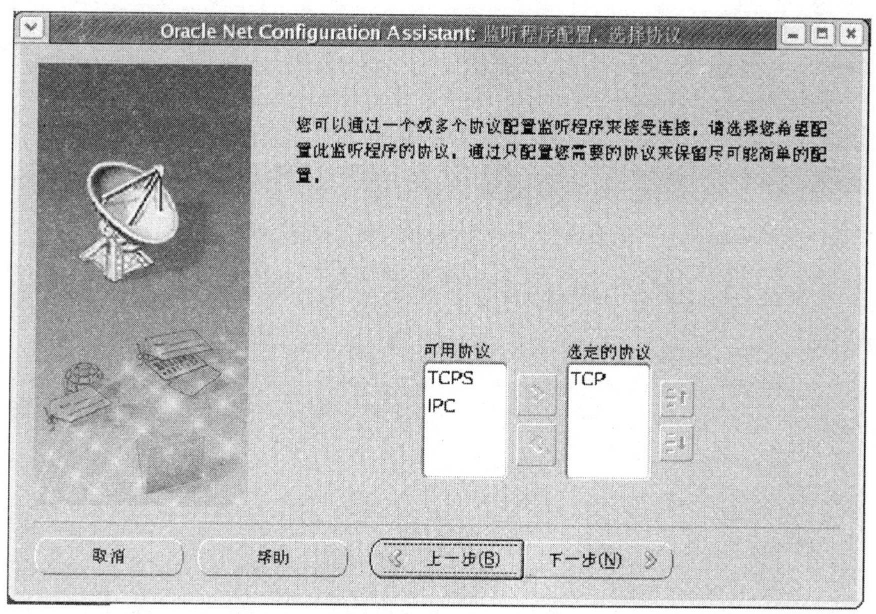

图 1—46 “监听程序选择协议”设置界面

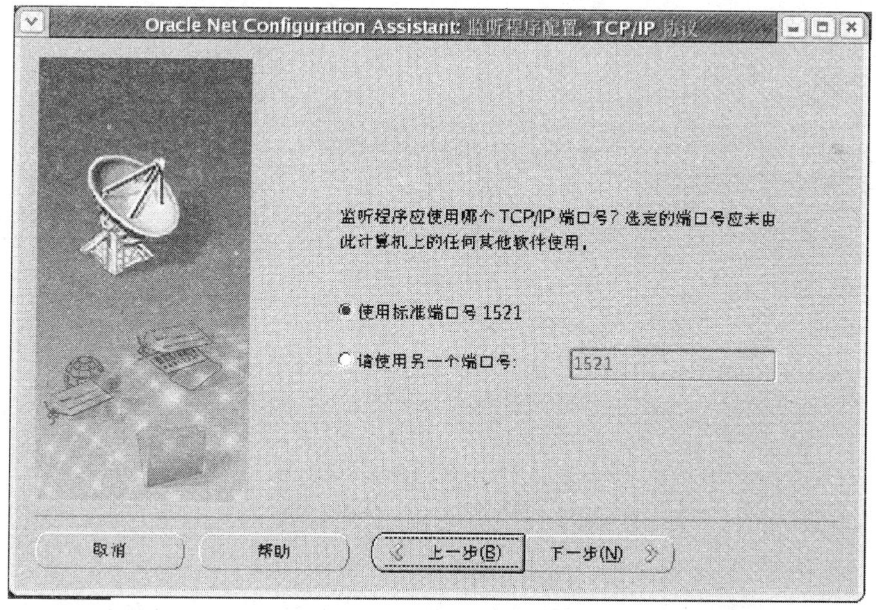

图 1—47 TCP/IP 协议端口配置

（6）选择“使用标准端口号 1521”，然后单击“下一步”按钮，进入到“监听程序配置，更多的监听程序?”界面，如图 1—48 所示。

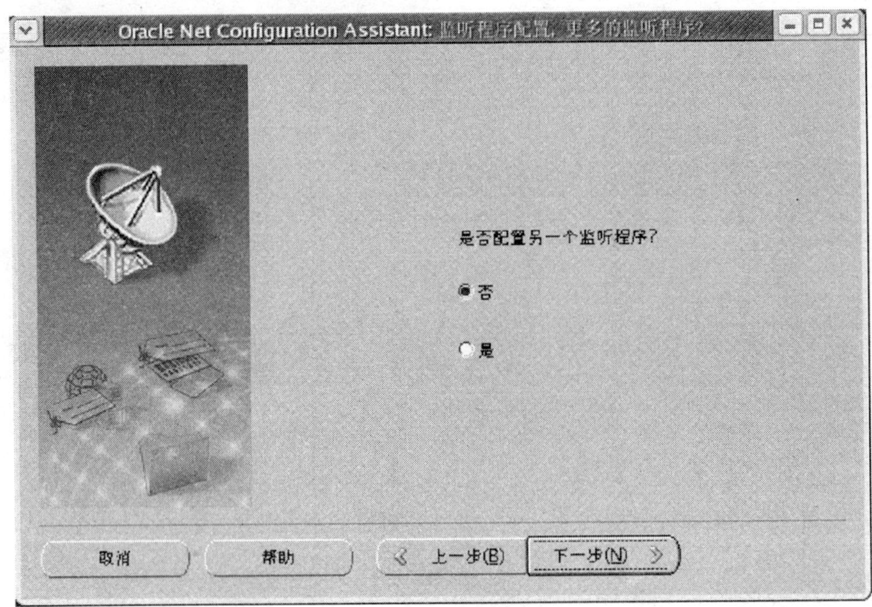

图 1—48　选择是否配置更多的监听程序

（7）程序询问“是否配置另一个监听程序?”，在一个服务器里只需要配置一个监听程序，所以选择“否”，单击“下一步”按钮，进入“监听程序配置完成”界面，如图 1—49 所示。

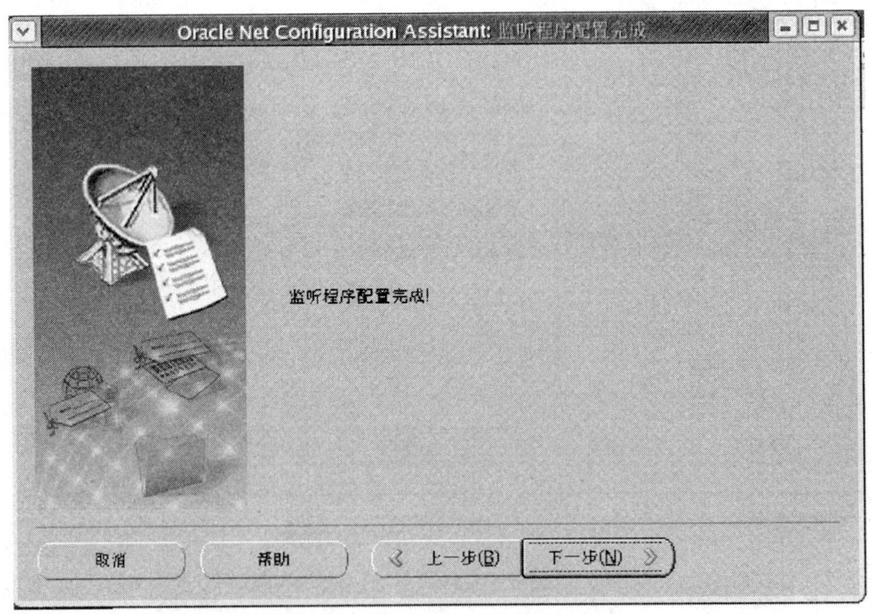

图 1—49　监听程序配置完成

（8）单击“下一步”按钮，完成监听程序配置，至此成功地为服务器配置监听程序。

2. 使用监听程序

在 Linux 操作系统内使用 Oracle 提供的命令进行监听程序操作，使用 oracle 用户打开终端，在终端里输入“lnsrctl”命令进行监听程序的管理操作，常用命令如下：

（1）查看监听程序的运行情况，执行命令为：

```
lnsrctl status
```

执行命令后如图 1—50 所示。

```
[oracle@localhost ~]$ lsnrctl status

LSNRCTL for Linux: Version 10.2.0.1.0 - Production on 02-FEB-2012 13:09:51

Copyright (c) 1991, 2005, Oracle.  All rights reserved.

Connecting to (DESCRIPTION=(ADDRESS=(PROTOCOL=TCP)(HOST=localhost.localdomain)(PORT=1521)))
STATUS of the LISTENER
------------------------
Alias                     LISTENER
Version                   TNSLSNR for Linux: Version 10.2.0.1.0 - Production
Start Date                02-FEB-2012 10:25:59
Uptime                    0 days 2 hr. 43 min. 51 sec
Trace Level               off
Security                  ON: Local OS Authentication
SNMP                      OFF
Listener Parameter File   /u01/app/oracle/oracle/product/10.2.0/db_1/network/admin/listener.ora
Listener Log File         /u01/app/oracle/oracle/product/10.2.0/db_1/network/log/listener.log
Listening Endpoints Summary...
  (DESCRIPTION=(ADDRESS=(PROTOCOL=tcp)(HOST=localhost.localdomain)(PORT=1521)))
  (DESCRIPTION=(ADDRESS=(PROTOCOL=ipc)(KEY=EXTPROC0)))
Services Summary...
Service "+ASM" has 1 instance(s).
  Instance "+ASM", status BLOCKED, has 1 handler(s) for this service...
Service "+ASM_XPT" has 1 instance(s).
  Instance "+ASM", status BLOCKED, has 1 handler(s) for this service...
Service "PLSExtProc" has 1 instance(s).
  Instance "PLSExtProc", status UNKNOWN, has 1 handler(s) for this service...
Service "PX" has 1 instance(s).
  Instance "PX", status READY, has 1 handler(s) for this service...
Service "PXXDB" has 1 instance(s).
  Instance "PX", status READY, has 1 handler(s) for this service...
Service "PX_XPT" has 1 instance(s).
  Instance "PX", status READY, has 1 handler(s) for this service...
The command completed successfully
[oracle@localhost ~]$ 
```

图 1—50　查看监听

（2）启动监听程序，执行命令为：

```
lnsrctl start
```

执行命令后如图 1—51 所示。

（3）停止监听程序，执行命令为：

lnsrctl stop

执行命令后如图 1—52 所示。

```
[oracle@localhost ~]$ lsnrctl start

LSNRCTL for Linux: Version 10.2.0.1.0 - Production on 02-FEB-2012 13:14:24

Copyright (c) 1991, 2005, Oracle.  All rights reserved.

Starting /u01/app/oracle/oracle/product/10.2.0/db_1/bin/tnslsnr: please wait...

TNSLSNR for Linux: Version 10.2.0.1.0 - Production
System parameter file is /u01/app/oracle/oracle/product/10.2.0/db_1/network/admin/listener.ora
Log messages written to /u01/app/oracle/oracle/product/10.2.0/db_1/network/log/listener.log
Listening on: (DESCRIPTION=(ADDRESS=(PROTOCOL=tcp)(HOST=localhost.localdomain)(PORT=1521)))
Listening on: (DESCRIPTION=(ADDRESS=(PROTOCOL=ipc)(KEY=EXTPROC0)))

Connecting to (DESCRIPTION=(ADDRESS=(PROTOCOL=TCP)(HOST=localhost.localdomain)(PORT=1521)))
STATUS of the LISTENER
------------------------
Alias                     LISTENER
Version                   TNSLSNR for Linux: Version 10.2.0.1.0 - Production
Start Date                02-FEB-2012 13:14:24
Uptime                    0 days 0 hr. 0 min. 0 sec
Trace Level               off
Security                  ON: Local OS Authentication
SNMP                      OFF
Listener Parameter File   /u01/app/oracle/oracle/product/10.2.0/db_1/network/admin/listener.ora
Listener Log File         /u01/app/oracle/oracle/product/10.2.0/db_1/network/log/listener.log
Listening Endpoints Summary...
  (DESCRIPTION=(ADDRESS=(PROTOCOL=tcp)(HOST=localhost.localdomain)(PORT=1521)))
  (DESCRIPTION=(ADDRESS=(PROTOCOL=ipc)(KEY=EXTPROC0)))
Services Summary...
Service "PLSExtProc" has 1 instance(s).
  Instance "PLSExtProc", status UNKNOWN, has 1 handler(s) for this service...
The command completed successfully
[oracle@localhost ~]$ 
```

图 1—51　启动监听

```
[oracle@localhost ~]$ lsnrctl stop

LSNRCTL for Linux: Version 10.2.0.1.0 - Production on 02-FEB-2012 13:13:31

Copyright (c) 1991, 2005, Oracle.  All rights reserved.

Connecting to (DESCRIPTION=(ADDRESS=(PROTOCOL=TCP)(HOST=localhost.localdomain)(PORT=1521)))
The command completed successfully
[oracle@localhost ~]$ 
```

图 1—52　停止监听

四、数据库字符集设置

1. 设置数据库实例字符集

在创建数据库实例的“字符集”选项卡里设置创建的数据库实例字符集，如图 1—53 所示。

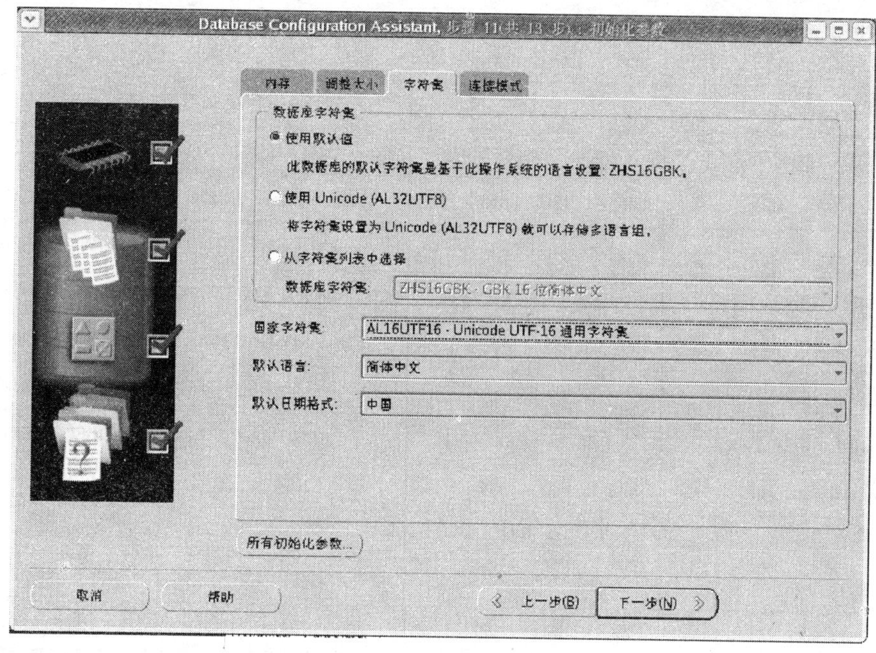

图 1—53 “字符集”选项卡

2. 在 UNIX/Linux 环境下字符集的配置

在安装数据库时增加环境变量 NLS_ LANG 用于指定当前操作系统对应的 Oracle 数据库字符集，但是该配置不会改变 Oracle 实例实际使用的字符集，命令如下：

```
export NLS_LANG ='SIMPLIFIED CHINESE_CHINA'.ZHS16GBK
```

3. 在 Windows 环境下修改字符集

在 Windows 下通过注册表修改字符集，在“运行”对话框里输入“Regedit”后单击“运行”按钮，打开注册表编辑器，目录为“\ HKEY_ LOCAL_ MACHINE \ SOFTWARE \ ORACLE \ （对应的数据库实例目录）”，找到“NLS_ LANG”，修改成对应的字符集。

4. 各类字符集的对应参数表

各类字符集的对应参数参见表 1—2。

表 1—2 **字符集参数**

Language	Locale ID	NLS_LANG
English（American）	en_US. UTF－8	AMERICAN_AMERICA. AL32UTF8
English（American）	en_US. ISO－8859－1	AMERICAN_AMERICA. WE8ISO8859P1
English（American）	en_US. ISO－8859－15	AMERICAN_AMERICA. WE8ISO8859P15

续表

Language	Locale ID	NLS_LANG
English（Australian）	en_AU. UTF－8	ENGLISH_AUSTRALIA. AL32UTF8
English（Australian）	en_AU. ISO－8859－1	ENGLISH_AUSTRALIA. WE8ISO8859P1
English（Australian）	en_AU. ISO－8859－15	ENGLISH_AUSTRALIA. WE8ISO8859P15
English（British）	en_GB. UTF－8	ENGLISH_UNITED KINGDOM. AL32UTF8
English（British）	en_GB. ISO－8859－1	ENGLISH_UNITED KINGDOM. WE8ISO8859P1
English（British）	en_GB. ISO－8859－15	ENGLISH_UNITED KINGDOM. WE8ISO8859P15
English（Ireland）	en_IE. UTF－8	ENGLISH_IRELAND. AL32UTF8
English（Ireland）	en_IE. ISO－8859－1	ENGLISH_IRELAND. WE8ISO8859P1
English（Ireland）	en_IE. ISO－8859－15	ENGLISH_IRELAND. WE8ISO8859P15
German	de_DE. UTF－8	GERMAN_GERMANY. AL32UTF8
German	de_DE. ISO－8859－1	GERMAN_GERMANY. WE8ISO8859P1
German	de_DE. ISO－8859－15	GERMAN_GERMANY. WE8ISO8859P15
French	fr_FR. UTF－8	FRENCH_FRANCE. AL32UTF8
French	fr_FR. ISO－8859－1	FRENCH_FRANCE. WE8ISO8859P1
French	fr_FR. ISO－8859－15	FRENCH_FRANCE. WE8ISO8859P15
Italian	it_IT. UTF－8	ITALIAN_ITALY. AL32UTF8
Italian	it_IT. ISO－8859－1	ITALIAN_ITALY. WE8ISO8859P1
Italian	it_IT. ISO－8859－15	ITALIAN_ITALY. WE8ISO8859P15
Spanish	es_ES. UTF－8	SPANISH_SPAIN. AL32UTF8
Spanish	es_ES. ISO－8859－1	SPANISH_SPAIN. WE8ISO8859P1
Spanish	es_ES. ISO－8859－15	SPANISH_SPAIN. WE8ISO8859P15
Spanish（Mexico）	es_MX. UTF－8	MEXICAN SPANISH_MEXICO. AL32UTF8
Spanish（Mexico）	es_MX. ISO－8859－1	MEXICAN SPANISH_MEXICO. WE8ISO8859P1
Spanish（Mexico）	es_MX. ISO－8859－15	MEXICAN SPANISH_MEXICO. WE8ISO8859P15
Portuguese（Brazilian）	pt_BR. UTF－8	BRAZILIAN PORTUGUESE_BRAZIL. AL32UTF8
Portuguese（Brazilian）	pt_BR. ISO－8859－1	BRAZILIAN PORTUGUESE_BRAZIL. WE8ISO8859P1
Portuguese（Brazilian）	pt_BR. ISO－8859－15	BRAZILIAN PORTUGUESE_BRAZIL. WE8ISO8859P15
Japanese	ja_JP. EUC－JP	JAPANESE_JAPAN. JA16EUC
Japanese	ja_JP. UTF－8	JAPANESE_JAPAN. AL32UTF8

续表

Language	Locale ID	NLS_LANG
Korean	ko_KR. EUC – KR	KOREAN_KOREA. KO16KSC5601
Korean	ko_KR. UTF – 8	KOREAN_KOREA. AL32UTF8
Chinese (simplified)	zh_CN. GB18030	SIMPLIFIED CHINESE_CHINA. ZHS32GB18030
Chinese (simplified)	zh_CN. GBK	SIMPLIFIED CHINESE_CHINA. ZHS16GBK
Chinese (simplified)	zh_CN. UTF – 8	SIMPLIFIED CHINESE_CHINA. AL32UTF8
Chinese (traditional)	zh_TW. BIG5	TRADITIONAL CHINESE_TAIWAN. ZHT16BIG5
Chinese (traditional)	zh_TW. UTF – 8	TRADITIONAL CHINESE_TAIWAN

5. 查询数据库实例的字符集

（1）方法一，通过 Oracle 自带函数 userenv 进行查询，使用 SQL PLUS 登录数据库实例，执行以下 SQL 语句进行查询：

```
select userenv('language') as language from dual;
```

执行情况如图 1—54 所示。

```
Connected to:
Oracle Database 10g Enterprise Edition Release 10.2.0.1.0 - Production
With the Partitioning, OLAP and Data Mining options

SQL> select userenv('language') as language from dual;

LANGUAGE
----------------------------------------------------
AMERICAN_AMERICA.ZHS16GBK

SQL>
```

图 1—54 使用 userenv 函数

（2）方法二，通过查看 nls_database_parameters 数据字典表，使用 SQL PLUS 登录数据库实例，执行以下 SQL 语句进行查询：

```
select * from nls_database_parameters where
PARAMETER ='NLS_CHARACTERSET';
```

执行情况如图 1—55 所示。

五、内存参数设置

1. 系统全局区参数设置

在 Oracle 实例中有一个使用很大内存的区域，该区域为系统全局区（System Global

Area，简称 SGA），在 Oracle 10g 中有几个影响 SGA 内存分配数量的参数，除了 SGA_ MAX_ SIZE 外，其他都是动态参数。在数据库运行期间可以使用 ALTER SYSTEM 语句动态修改 SGA_ TARGET 参数和控制 SGA 内存组件其他参数的值。

```
SQL> select * from nls_database_parameters where PARAMETER ='NLS_CHARACTERSET';

PARAMETER                      VALUE
------------------------------ ----------------------------------------
NLS_CHARACTERSET               ZHS16GBK

SQL>
```

图 1—55　使用 nls_ database_ parameters 数据字典表

SGA_ MAX_ SIZE 参数指定 SGA 在实例生命期内的最大数。动态修改参数将影响 Buffer cache、shared pool、large pool、java pool 和 streams pool 的大小，以及 SGA 的总大小，但是 SGA 的总大小不能超过 SGA_ MAX_ SIZE 参数所设定的值。

2. 进程全局区参数设置

进程全局区（Program Global Area，简称 PGA），是服务器进程（Server Process）使用的一块包含数据和控制信息的内存区域，PGA 是非共享的内存，在服务器进程启动或创建时分配（在系统运行时，排序、连接等操作也可能需要进一步的 PGA 分配），并为服务器进程提供排他访问，所以 PGA 中的数据结构并不需要通过内存锁（Latch）来保护。

3. 内存设置基本原则

db_ block buffer 在设置时通常可以尽量加大，shared_ pool_ size 的设置要适度，log_ buffer 通常设置成几百 KB 到 1 MB 即可。

4. 内存有关的视图

内存有关的视图参考表 1—3。

表 1—3　　内存有关的视图

视图	描述
V$SGA	显示关于 SGA 的摘要信息
V$SGAINFO	显示关于 SGA 大小的信息，包括不同 SGA 组件的大小信息、内存颗粒大小和自由内存空间
V$SGASTAT	显示 SGA 的详细信息
V$SGA_ DYNAMIC_ COMPONENTS	显示 SGA 组件的信息，此视图记录了从实例启动以来所有 SGA 内存大小的调整操作信息

续表

视图	描述
V$SGA_ DYNAMIC_ FREE_ MEMORY	显示为将来调整 SGA 大小可用的自由内存空间
V$SGA_ RESIZE_ OPS	使用内存自动管理后系统自动调整内存的情况
V$SGA_ CURRENT_ RESIZE_ OPS	显示系统当前正在运行中的关于 SGA 大小调整的操作信息，一个调整操作是 SGA 组件的动态增大或减小

5. SGA 和 PGA 分配建议

关于 SGA、PGA 与系统内存三者间的关联，目前有一个相对通用的计算规则可供参考：

- 对于 OLTP 数据库：

SGA = 系统内存 * 70% * 80%，PGA = SGA * (10% ~20%)

SGA = 系统内存 * 0.56，PGA = 系统内存 * (0.05 ~0.1)

- 对于 OLAP 数据库：

SGA = 系统内存 * 80% * 60%，PGA = SGA * (45% ~65%)

SGA = 系统内存 * 0.48，PGA = 系统内存 * (0.22 ~0.31)

对于 32 bit 平台，默认情况下 SGA 最大可用内存有 1.7 GB 的限制。

六、初始化参数管理

Oracle 实例是指运行状态下的 Oracle 软件，是由内存结构和一些进程结构组成的，主要实现数据库的访问与控制功能，是 Oracle 的核心。初始化参数文件是 Oracle 实例运行所需要的参数配置文件，Oracle 实例启动必须先从参数文件中读取数据。

初始化参数文件分为 pfile 与 spfile。

pfile 也叫文本初始化参数文件。Oracle 9i 以前的版本只有这种参数文件，由于参数文件是纯文本格式，因此可以直接进行编辑。Oracle 在安装每一个库时都会建立一个 pfile 文件，默认名字是 init <SID>. ora，SID 为数据库实例名。

因为修改初始化参数文件必须先关闭数据库，这样会使数据库性能下降，而且有时候中断是不能容忍的，DBA 要在远程启动数据库就必须在客户端保存一个 pfile 文本的副本，如果内容不一致的话就可能启动不了数据库，在 Oracle 8i 以后引入了动态参数的设置，但是 pfile 不能直接保存，因此，在数据库重新启动后原先修改的数据还会丢失，在 92010 以后的版本就引入了 spfile 这种新的参数文件。

spfile 也叫服务器初始化参数文件，它是二进制文件，无法用文本进行修改，所以只能通过 alter 命令进行修改。

数据库启动时 Oracle 会自动在默认目录 ORACLE_ HOME 下搜索初始化参数文件，搜索顺序为：

spfile <SID>. ora，该文件是 Oracle 数据库创建时自动建立的 spfile 文件。

spflie. ora，该文件是 Oracle 默认的 spfile 文件。

init <SID>. ora，该文件是 Oracle 数据库创建时自动建立的 pfile 文件。

init. ora，该文件是 Oracle 默认的 pfile 文件。

如果不希望使用默认的初始化参数文件，DBA 可以用 startup 命令指定相应的初始化参数文件，如：

```
SQL > startup pfile = /home/oracle/pfile.ora
```

学习单元 2　Oracle 实例启动与关闭

学习目标

➤ 掌握 Oracle 实例的启动过程、状态和命令

➤ 掌握 Oracle 实例的关闭过程和命令

技能要求

一、Oracle 实例启动

1. 实例的启动过程

Oracle 数据库的启动命令只有一个，在终端里进入 Oracle 的 SQLPLUS 命令交互模式，使用具有 SYSDBA/SYSOPER 身份的用户进行登录，登录成功后在数据库关闭的情况下输入 “startup” 命令，就能启动数据库。启动命令看起来非常简单，但是对于 Oracle 来说要经历三个过程，如图 1—56 所示。

启动的三个过程分别为：

- 启动实例到 NOMOUNT 状态。
- 启动实例到 MOUNT 状态。
- 启动实例到 OPEN 状态。

下面通过观察 Oracle 的启动过程及 ALERT 日志，逐步讲解这三个过程。

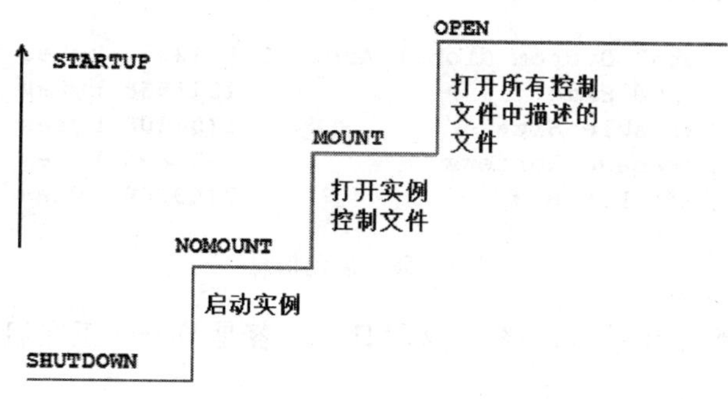

图 1—56　启动 Oracle 实例的过程

2. 启动实例到 NOMOUNT 状态

Oracle 启动时首先寻找参数文件（spfile、pfile），读取参数文件中的相关配置信息（如读取内存分配参数等），接着开始启动实例、分配内存、启动后台进程，可以从日志文件内看到 Oracle 启动到 NOMOUNT 状态里的相关操作。

启动数据库到 NOMOUNT 状态的命令是：startup nomount

打开日志后，看到如图 1—57 所示启动日志，该日志内容是 Oracle 读取参数文件的信息。

```
Starting up ORACLE RDBMS Version: 10.2.0.1.0.
System parameters with non-default values:
  processes                = 150
  __shared_pool_size       = 62914560
  __large_pool_size        = 4194304
  __java_pool_size         = 4194304
  __streams_pool_size      = 0
  sga_target               = 285212672
  control_files            = +DISK1/px/controlfile/current.261.77
+DISK1/px/controlfile/current.260.774122025
  db_block_size            = 8192
  __db_cache_size          = 205520896
  compatible               = 10.2.0.1.0
  db_file_multiblock_read_count= 16
  db_create_file_dest      = +DISK1
  db_recovery_file_dest    = +DISK1
  db_recovery_file_dest_size= 2147483648
  undo_management          = AUTO
```

图 1—57　启动日志

Oracle 读取参数文件后启动实例并按参数文件进行内存的分配，同时 Oracle 在启动过程中打印数据库实例启动时的内存使用情况信息，如图 1—58 所示。

```
SQL> startup nomount
ORACLE instance started.

Total System Global Area  285212672 bytes
Fixed Size                  1218968 bytes
Variable Size              71304808 bytes
Database Buffers          205520896 bytes
Redo Buffers                7168000 bytes
```

图 1—58　启动信息

接着看到图 1—59 所示日志内容，这段日志内容是 Oracle 正在启动后台进程（由于 Oracle 版本不同，启动日志会有差异）。

```
PMON started with pid=2, OS id=6540
PSP0 started with pid=3, OS id=6542
MMAN started with pid=4, OS id=6544
DBW0 started with pid=5, OS id=6546
LGWR started with pid=6, OS id=6548
CKPT started with pid=7, OS id=6550
SMON started with pid=8, OS id=6552
RECO started with pid=9, OS id=6554
CJQ0 started with pid=10, OS id=6556
MMON started with pid=11, OS id=6558
```

图 1—59　启动后台进程日志内容

3. 启动实例到 MOUNT 状态

在 NOMOUNT 状态下通过命令 SQL > alter database mount；将数据库启动到 MOUNT 状态。

Oracle 启动到 NOMOUNT 状态后，从参数文件中读取控制文件信息，并查找控制文件是否存在，在控制文件存在的情况下加载控制文件，后台进程验证控制文件中记录的数据文件是否存在，如果数据文件存在加载数据文件，如果数据文件不存在，会通过后台进程将文件缺失的信息写入警告日志文件中。

最后建立实例与数据库的联系，在正常启动的情况下会记录如图 1—60 所示中的相关信息。

4. 启动数据库到 OPEN 状态

在 OPEN 状态阶段，Oracle 将根据已经加载的控制文件中的相关信息，查看检查点以及进行完整性检查，只要数据库不存在异常情况就会启动数据库，并允许外部链接，如图 1—61 所示是成功打开数据库的日志信息。

```
alter database mount
Sat Dec 21 15:27:37 2012
Starting background process ASMB
ASMB started with pid=16, OS id=8576
Starting background process RBAL
RBAL started with pid=17, OS id=8580
Loaded ASM Library - Generic Linux, version 2.0.4 (KABI_V2) library for asmlib
interface
Sat Dec 21 15:27:40 2011
SUCCESS: diskgroup DISK1 was mounted
Sat Dec 21 15:27:44 2011
Setting recovery target incarnation to 2
Sat Dec 21 15:27:44 2011
Successful mount of redo thread 1, with mount id 1706664937
Sat Dec 21 15:27:44 2011
Database mounted in Exclusive Mode
Completed: alter database mount
```

图 1—60　正常启动日志信息

```
Sat Dec 21 15:31:34 2012
Database Characterset is ZHS16GBK
replication_dependency_tracking turned off (no async multimaster replication
found)
Starting background process QMNC
QMNC started with pid=19, OS id=8595
Sat Dec 21 15:31:48 2012
Completed: alter database open
```

图 1—61　成功打开数据库的日志信息

当检查时发现检查点不一致或者有文件丢失时，数据库将不能启动，并提示需要对数据库进行相关的恢复。

5. 启动命令及参数

Oracle 实例的启动命令是 STARTUP，STARTUP 有七个参数：OPEN、MOUNT、NOMOUNT、PFILE、FORCE、RESTRICT、RECOVER，默认的参数是 OPEN，该命令在 SQL PLUS 命令行中执行。

STARTUP OPEN：打开数据库，允许访问数据库。表示当前实例的控制文件中所描述的所有文件都已经打开，如图 1—62 所示。

STARTUP MOUNT：MOUNT 数据库，允许 DBA 进行管理操作，不允许数据库用户访问。只是打开当前实例的控制文件，数据文件未打开，如图 1—63 所示。

STARTUP NOMOUNT：通过初始化文件分配出 SGA 区，启动数据库后台进程，没有打开控制文件和数据文件。不能访问任何数据库。

```
SQL> startup
ORACLE instance started.

Total System Global Area  285212672 bytes
Fixed Size                  1218968 bytes
Variable Size              71304808 bytes
Database Buffers          205520896 bytes
Redo Buffers                7168000 bytes
Database mounted.
Database opened.
```

图 1—62　正常启动信息

```
SQL> startup mount
ORACLE instance started.

Total System Global Area  285212672 bytes
Fixed Size                  1218968 bytes
Variable Size              71304808 bytes
Database Buffers          205520896 bytes
Redo Buffers                7168000 bytes
Database mounted.
```

图 1—63　MOUNT 状态启动信息

STARTUP PFILE = filename：以 filename 为初始化文件启动数据库，不是采用默认初始化文件。

STARTUP FORCE：中止当前数据库的运行，重新正常启动数据库。

STARTUP RESTRICT：只允许具有 RESTRICTED SESSION 权限的用户访问数据库。

STARTUP RECOVER：数据库启动，并开始介质恢复。

二、Oracle 实例关闭

1. 实例关闭的过程

（1）第一阶段。Oracle 将重执行缓冲区里的内容，写入重执行日志文件，将数据库缓冲区内被更改的数据写入数据文件，关闭数据文件和重执行日志文件，控制文件仍然打开，实例不能进行一般性的访问操作。该步骤命令为：

```
SQL >alter database mount;
```

（2）第二阶段。例程开始卸载实例，关闭控制文件，但 SGA 内存和后台支持进程仍然在运行。该步骤命令为：

```
SQL >alter database dismount;
```

（3）第三阶段。实例关闭并释放 SGA 内存，结束所有后台进程。该步骤命令为：

```
SQL > shutdown
```

2. 关闭命令

Oracle 实例的关闭命令是 SHUTDOWN，SHUTDOWN 有四个参数：NORMAL、TRANSACTIONAL、IMMEDIATE、ABORT。默认参数是 NORMAL，该命令在 SQL PLUS 命令行中执行。

SHUTDOWN NORMAL：不允许新的连接、等待会话结束、等待事务结束、做一个检查点并关闭数据文件。启动时不需要实例恢复。

SHUTDOWN TRANSACTIONAL：不允许新的连接、不等待会话结束、等待事务结束、做一个检查点并关闭数据文件。启动时不需要实例恢复。

SHUTDOWN IMMEDIATE：不允许新的连接、不等待会话结束、不等待事务结束、做一个检查点并关闭数据文件。没有结束的事务是自动回滚的。启动时不需要实例恢复，如图 1—64 所示。

SHUTDOWN ABORT：不允许新的连接、不等待会话结束、不等待事务结束、不做检查点且没有关闭数据文件。启动时自动进行实例恢复。

```
SQL> shutdown immediate
Database closed.
Database dismounted.
ORACLE instance shut down.
```

图 1—64　关闭实例

第 2 节　配置管理服务器

学习单元 1　管理服务器的配置

学习目标

➢ 了解 emca 命令详解及参数

➢ 掌握创建 EM 资料库的方法

➢ 掌握删除 EM 资料库的方法

知识要求

Oracle 10g 数据库在日常的监控及管理中使用企业管理控制台（Oracle Enterprise Manager Grid Console）。Oracle 10g 的 EM 采用了 Web 方式，并且分成了两个产品：database control 和 grid control。grid control 需要下载单独的光盘安装。在创建 Oracle 实例的时候，可以选择是否启用数据库控制台（dbcontrol），启用的情况下 Oracle 数据库会在实例中建立一个用户名为 sysman 的数据库对象集合（schema），用于保存 EM 的一些数据，这个就是 EM 的资料库（Repository）。

企业管理控制台具有非常强大而完善的数据库管理功能，提供从初学者到高级用户所需的所有 DBA 技能。默认情况下在建立 Oracle 10g 实例时，即默认勾选了创建该企业管理控制台（详见数据库安装实例创建的步骤 4），在概念上它与以前版本的不同之处在于，它不是安装在客户端上的管理工具，而是安装在数据库服务器上，是一个 HTTP 服务器（称为企业管理控制台）；由于该工具是一个 HTTP 服务器，所以会占用数据库服务器的系统资源，需要根据实际情况选择是否使用该工具。

企业管理控制台常用命令为 emca 和 emctl，emca 命令用于创建、修改以及删除 EM 资料库，emctl 命令用于启动、关闭及查看运行情况。

技能要求

一、创建 EM 资料库

在数据库服务器系统资源充足的情况下，且在创建数据库实例时取消默认创建企业管理控制台时，可以通过 emca 命令创建 Oracle 10g EM 资料库，具体操作如图 1—65 所示。

1. 使用 oracle 用户打开终端，在终端内执行 emca-config dbcontrol db - repos create 命令。

2. 提示输入需要建立资料库的 Oracle 实例，本例中的实例名为“PX”。

3. 提示输入该 Oracle 实例的监听端口号，本例中的端口号为“1521”。

4. 提示输入 SYS 用户密码，输入密码后按下 Enter 键进入下一步。

5. 提示输入 DBSNMP 用户密码，输入密码后按下 Enter 键进入下一步。

6. 提示输入 SYSMAN 用户密码，输入密码后按下 Enter 键进入下一步。

7. 提示输入电子邮件地址，该选项为可选项目，如果没有邮件地址不需要输入内容，直接按下 Enter 键进入下一步。

```
[oracle@localhost ~]$ emca -config dbcontrol db -repos create

STARTED EMCA at Feb 11, 2012 5:46:01 PM
EM Configuration Assistant, Version 10.2.0.1.0 Production
Copyright (c) 2003, 2005, Oracle.  All rights reserved.

Enter the following information:
Database SID: PX
Listener port number: 1521
Password for SYS user:
Password for DBSNMP user:
Password for SYSMAN user:
Password for SYSMAN user: Email address for notifications (optional):
Outgoing Mail (SMTP) server for notifications (optional):
ASM ORACLE_HOME [ /u01/app/oracle/oracle/product/10.2.0/db_1 ]:
ASM SID [ +ASM ]:
ASM port [ 1521 ]:
ASM user role [ SYSDBA ]:
ASM username [ SYS ]:
ASM user password:
-----------------------------------------------------------------

You have specified the following settings

Database ORACLE_HOME ................ /u01/app/oracle/oracle/product/10.2.0/db_1

Database hostname ................ localhost.localdomain
Listener port number ................ 1521
Database SID ................ PX
Email address for notifications ...............
Outgoing Mail (SMTP) server for notifications ...............
ASM ORACLE_HOME ................ /u01/app/oracle/oracle/product/10.2.0/db_1
ASM SID ................ +ASM
ASM port ................ 1521
ASM user role ................ SYSDBA
ASM username ................ SYS

-----------------------------------------------------------------
Do you wish to continue? [yes(Y)/no(N)]: y
Feb 11, 2012 5:46:53 PM oracle.sysman.emcp.EMConfig perform
INFO: This operation is being logged at /u01/app/oracle/oracle/product/10.2.0/db
_1/cfgtoollogs/emca/PX/emca_2012-02-11_05-46-01-PM.log.
Feb 11, 2012 5:46:54 PM oracle.sysman.emcp.EMReposConfig createRepository
INFO: Creating the EM repository (this may take a while) ...
Feb 11, 2012 5:49:21 PM oracle.sysman.emcp.EMReposConfig invoke
INFO: Repository successfully created
Feb 11, 2012 5:49:29 PM oracle.sysman.emcp.util.DBControlUtil startOMS
INFO: Starting Database Control (this may take a while) ...
Feb 11, 2012 5:51:10 PM oracle.sysman.emcp.EMDBPostConfig performConfiguration
INFO: Database Control started successfully
Feb 11, 2012 5:51:10 PM oracle.sysman.emcp.EMDBPostConfig performConfiguration
INFO: >>>>>>>>>>> The Database Control URL is http://localhost.localdomain:1158/
em <<<<<<<<<<<
Enterprise Manager configuration completed successfully
FINISHED EMCA at Feb 11, 2012 5:51:10 PM
```

图 1—65　EM 资料库创建

8．提示输入发送邮件服务器地址，该选项为可选项目，如果没有发送邮件服务器地址不需要输入内容，直接按下 Enter 键进入下一步。

9．由于本次创建 EM 资料库的 Oracle 数据库实例使用 ASM 进行创建，所以在创建 EM 资料库时会提示输入 ASM 的相关信息，提示输入 ASM 的安装目录，从图 1—65 中可以看到系统已经将 ASM 的安装目录设置成默认，所以只需确认后按下 Enter 键进入下一步。

10．提示输入 ASM 的实例名，从图 1—65 中可以看到系统已经将 ASM 实例名设置成默认，所以只需确认后按下 Enter 键进入下一步。

11．提示输入 ASM 的实例端口，从图 1—65 中可以看到系统已经将 ASM 实例端口设置成默认，所以只需确认后按下 Enter 键进入下一步。

12．提示输入 ASM 实例的用户组，使用默认值 SYSDBA，按下 Enter 键进入下一步。

13．提示输入 ASM 实例的用户名，使用默认值 SYS，按下 Enter 键进入下一步。

14．提示输入上一步的用户密码，输入用户密码后按下 Enter 键进入下一步。

15．完成相关内容的输入后，提示确认输入内容的信息，确认输入正确后输入“y”按下 Enter 键，开始创建 Oracle EM 资料库，等待提示“Enterprise Manager configuration completed successfully”，说明成功创建 EM 资料库。

二、删除 EM 资料库

由于系统资源紧张，或者不必使用 EM 资料库等原因，可以通过命令将 Oracle 10g EM 资料库删除，具体操作如图 1—66 所示。

```
[oracle@localhost db_1]$ emca -deconfig dbcontrol db -repos drop

STARTED EMCA at Feb 11, 2012 5:27:01 PM
EM Configuration Assistant, Version 10.2.0.1.0 Production
Copyright (c) 2003, 2005, Oracle.  All rights reserved.

Enter the following information:
Database SID: PX
Listener port number: 1521
Password for SYS user:
Password for SYSMAN user:
Password for SYSMAN user:
Do you wish to continue? [yes(Y)/no(N)]: y
Feb 11, 2012 5:27:22 PM oracle.sysman.emcp.EMConfig perform
INFO: This operation is being logged at /u01/app/oracle/oracle/product/10.2.0/db_1/cfgtoollogs/em
ca/PX/emca_2012-02-11_05-27-01-PM.log.
Feb 11, 2012 5:27:23 PM oracle.sysman.emcp.util.DBControlUtil stopOMS
INFO: Stopping Database Control (this may take a while) ...
Feb 11, 2012 5:27:34 PM oracle.sysman.emcp.EMReposConfig dropRepository
INFO: Dropping the EM repository (this may take a while) ...
Feb 11, 2012 5:28:53 PM oracle.sysman.emcp.EMReposConfig invoke
INFO: Repository successfully dropped
Enterprise Manager configuration completed successfully
FINISHED EMCA at Feb 11, 2012 5:28:54 PM
```

图 1—66　EM 资料库删除

1. 使用 oracle 用户打开终端，在终端内执行 emca -config dbcontrol db - repos drop 命令。

2. 提示输入数据库实例名，本例中的实例名为“PX”。

3. 提示输入该 Oracle 实例的监听端口号，本例中的端口号为“1521”。

4. 提示输入 SYS 用户密码，输入密码后按下 Enter 键进入下一步。

5. 提示输入 SYSMAN 用户密码，输入密码后按下 Enter 键进入下一步。

6. 输入完成，系统提示是否继续，输入“y”确认删除 EM 资料库。

7. 确认后开始删除 Oracle EM 资料库，等待提示“Enterprise Manager configuration completed successfully”，说明 EM 资料库删除成功。

三、emca 命令详解及参数

1. emca 命令详解

emca[操作][模式][数据库类型][标记][参数]

-h|--h|-help|--help:打印此帮助消息

-version:打印版本

-config dbcontrol db[-repos(create|recreate)][-cluster][-silent][-backup][参数]:配置数据库的 Database Control

-config centralAgent(db|asm)[-cluster][-silent][参数]:配置中心代理管理

-config all db[-repos(create|recreate)][-cluster][-silent][-backup][参数]:配置 Database Control 和中心代理管理

-deconfig dbcontrol db[-repos drop][-cluster][-silent][参数]:取消配置 Database Control

-deconfig centralAgent (db|asm)[-cluster][-silent][参数]:取消配置中心代理管理

-deconfig all db[-repos drop][-cluster][-silent][参数]:取消配置 Database Control 和中心代理管理

-addInst(db|asm)[-silent][参数]:为新的 RAC 实例配置 EM

-deleteInst(db |asm)[-silent][参数]:取消为指定的 RAC 实例配置 EM

-reconfig ports[-cluster][参数]:重新明确分配 Database Control 端口

-reconfig dbcontrol -cluster [-silent] [参数]: 重新配置 RAC Database Control 部署

-displayConfig dbcontrol -cluster[-silent][参数]:显示有关 RAC Database Control 配置的信息

-upgrade(db |asm | db_asm)[-cluster][-silent][参数]:将较低版本的 EM 配置升级到当前版本

-restore(db | asm | db_asm)[-cluster][-silent][参数]:将当前版本的 EM 配置复原到较低版本

2. 参数和选项

[参数]:[-respFile 文件名][-paramName paramValue] *

db：对数据库（包括使用 ASM 的数据库）执行配置操作。

asm：仅对 ASM 实例执行配置操作。

db_ asm：对数据库和 ASM 实例执行升级/复原操作。

-repos create：创建新的 Database Control 资料档案库。

-repos drop：删除当前的 Database Control 资料档案库。

-repos recreate：删除当前的 Database Control 资料档案库并重新创建一个。

-cluster：对 RAC 数据库执行配置操作。

-silent：在不提示参数的情况下执行配置操作。

-backup：配置数据库的自动备份。

3. 单实例数据库的参数

HOST：数据库主机名。

SID：数据库 SID。

PORT：监听程序端口号。

ORACLE_ HOME：数据库 ORACLE_ HOME。

HOST_ USER：自动备份的主机用户名。

HOST_ USER_ PWD：自动备份的主机用户口令。

BACKUP_ SCHEDULE：自动备份调度（HH：MM）。

EMAIL_ ADDRESS：通知的电子邮件地址。

MAIL_ SERVER_ NAME：通知的发件（SMTP）服务器。

ASM_ OH：ASM ORACLE_ HOME。

ASM_ SID：ASM SID。

ASM_ PORT：ASM 端口。

ASM_ USER_ ROLE：ASM 用户角色。

ASM_ USER_ NAME：ASM 用户名。

ASM_ USER_ PWD：ASM 用户口令。

SRC_ OH：要升级的数据库的 ORACLE_ HOME。

DBSNMP_ PWD：DBSNMP 用户的口令。

SYSMAN_ PWD：SYSMAN 用户的口令。

SYS_ PWD：SYS 用户的口令。

DBCONTROL_ HTTP_ PORT：Database Control HTTP 端口。

AGENT_ PORT：EM 代理端口。

RMI_ PORT：Database Control 的 RMI 端口。

JMS_ PORT：Database Control 的 JMS 端口。

4. 集群数据库的其他参数

CLUSTER_ NAME：集群名。

DB_ UNIQUE_ NAME：数据库的唯一名称。

SERVICE_ NAME：服务名。

EM_ NODE：Database Control 节点名。

EM_ SID_ LIST：代理 SID 列表（以逗号分隔）。

学习单元 2　管理服务器的启动与关闭

学习目标

- 掌握 EM 资料库的启动方法
- 掌握 EM 资料库的关闭方法

➢ 掌握管理服务器的使用方法

技能要求

一、启动管理服务器

启动 EM 资料库需要使用 oracle 用户打开终端，在终端里输入 emctl start dbconsole 命令，启动 dbconsole 资料库，启动情况如图 1—67 所示。

```
[oracle@localhost ~]$ emctl start dbconsole
TZ set to PRC
Oracle Enterprise Manager 10g Database Control Release 10.2.0.1.0
Copyright (c) 1996, 2005 Oracle Corporation.  All rights reserved.
http://localhost.localdomain:1158/em/console/aboutApplication
Starting Oracle Enterprise Manager 10g Database Control ......................
... started.
------------------------------------------------------------------
Logs are generated in directory /u01/app/oracle/oracle/product/10.2.0/db_1/local
host.localdomain_PX/sysman/log
```

图 1—67　启动 EM 资料库

二、关闭管理服务器

关闭 EM 资料库需要使用 oracle 用户打开终端，输入 emctl stop dbconsole 命令，关闭 dbconsole 资料库，关闭情况如图 1—68 所示。

```
[oracle@localhost ~]$ emctl stop dbconsole
TZ set to PRC
Oracle Enterprise Manager 10g Database Control Release 10.2.0.1.0
Copyright (c) 1996, 2005 Oracle Corporation.  All rights reserved.
http://localhost.localdomain:1158/em/console/aboutApplication
Stopping Oracle Enterprise Manager 10g Database Control ...
 ...  Stopped.
```

图 1—68　关闭 EM 资料库

三、使用管理服务器

1. 运行情况查看

使用 oracle 用户打开终端，输入 emctl status dbconsole 命令，查询 dbconsole 资料库的运行情况，如图 1—69 所示显示资料库正在运行中。

```
[oracle@localhost ~]$ emctl status dbconsole
TZ set to PRC
Oracle Enterprise Manager 10g Database Control Release 10.2.0.1.0
Copyright (c) 1996, 2005 Oracle Corporation.  All rights reserved.
http://localhost.localdomain:1158/em/console/aboutApplication
Oracle Enterprise Manager 10g is running.
------------------------------------------------------------------
Logs are generated in directory /u01/app/oracle/oracle/product/10.2.0/db_1/local
host.localdomain_PX/sysman/log
```

图 1—69　EM 运行情况

2. EM 登录

Oracle 10g 的 EM 采用了 Web 方式，通过浏览器进行操作，在地址栏里输入 EM 的地址，在 EM 的启动、关闭及查看状态都能了解到 EM 的 Web 地址，本例的地址为"http://localhost.localdomain:1158/em/console/aboutApplication"。浏览器打开后出现如图 1—70 所示界面，输入用户名、口令以及选择连接身份后，进入到 EM 的操作页面，如图 1—71 所示。

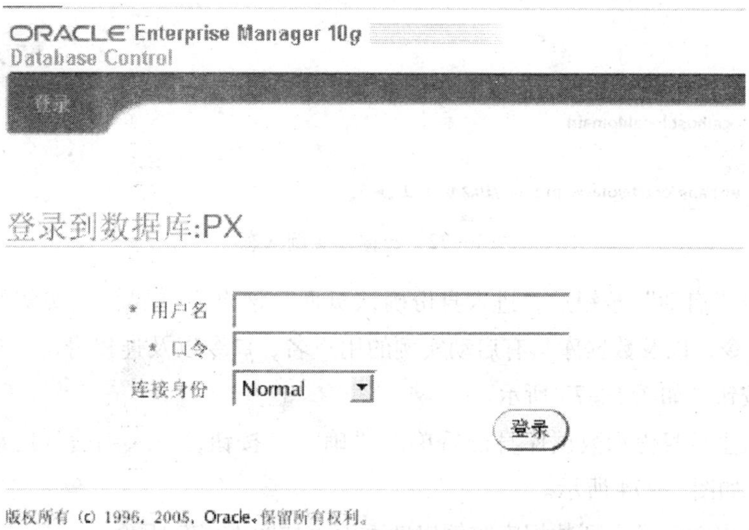

ORACLE Enterprise Manager 10g
Database Control
登录

登录到数据库:PX

* 用户名
* 口令
连接身份 Normal
登录

版权所有 (c) 1996, 2005, Oracle。保留所有权利。

图 1—70　登录窗口

3. EM 启动数据库实例

（1）使用具有管理员权限的数据库用户登录 EM，可以对数据库实例执行启动操作，在数据库实例关闭的情况下，通过单击"启动"按钮启动数据库实例，如图 1—72 所示。

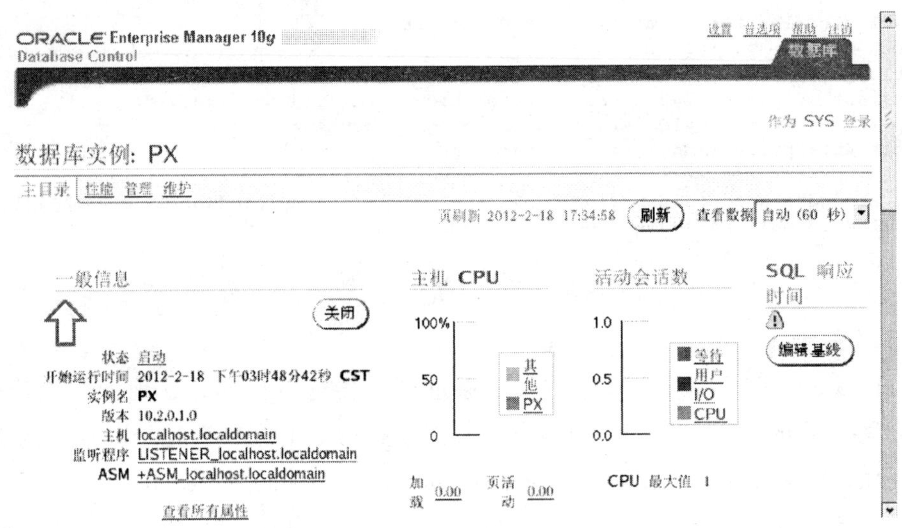

图 1—71　主管理窗口

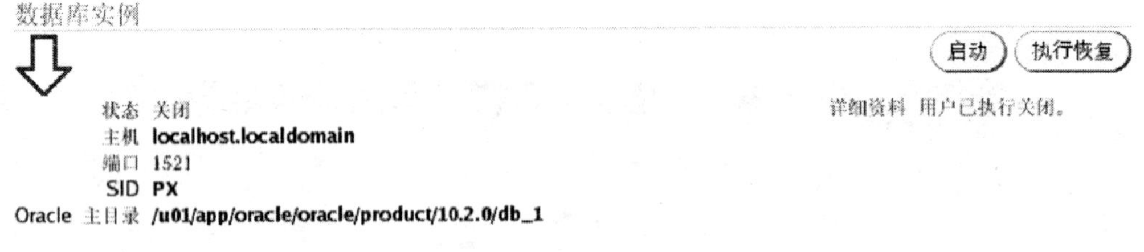

图 1—72　数据库实例状态

（2）单击“启动”按钮后，进入身份确认页面，该页面需要输入实例所在操作系统的用户名和口令，以及数据库具有启动实例的用户名、口令以及连接身份，输入无误后单击“确定”按钮，如图 1—73 所示。

（3）输入主机身份和数据库身份后单击“确定”按钮，进入到确认启动数据库实例的确认页面，如图 1—74 所示。

（4）确认启动后进入到数据库实例启动页面，如图 1—75 所示。

（5）启动成功后需要重新登录 EM，系统会转到 EM 的登录页面，如图 1—76 所示。

（6）登录 EM 后能从页面上看到数据库实例的运行状态，从图 1—77 中能看到数据库实例已经启动。

4. EM 关闭数据库实例

（1）使用具有管理员权限的数据库用户登录 EM 可以对数据库实例执行关闭操作，在数据库实例启动的情况下，通过单击“关闭”按钮关闭数据库实例，如图 1—78 所示。

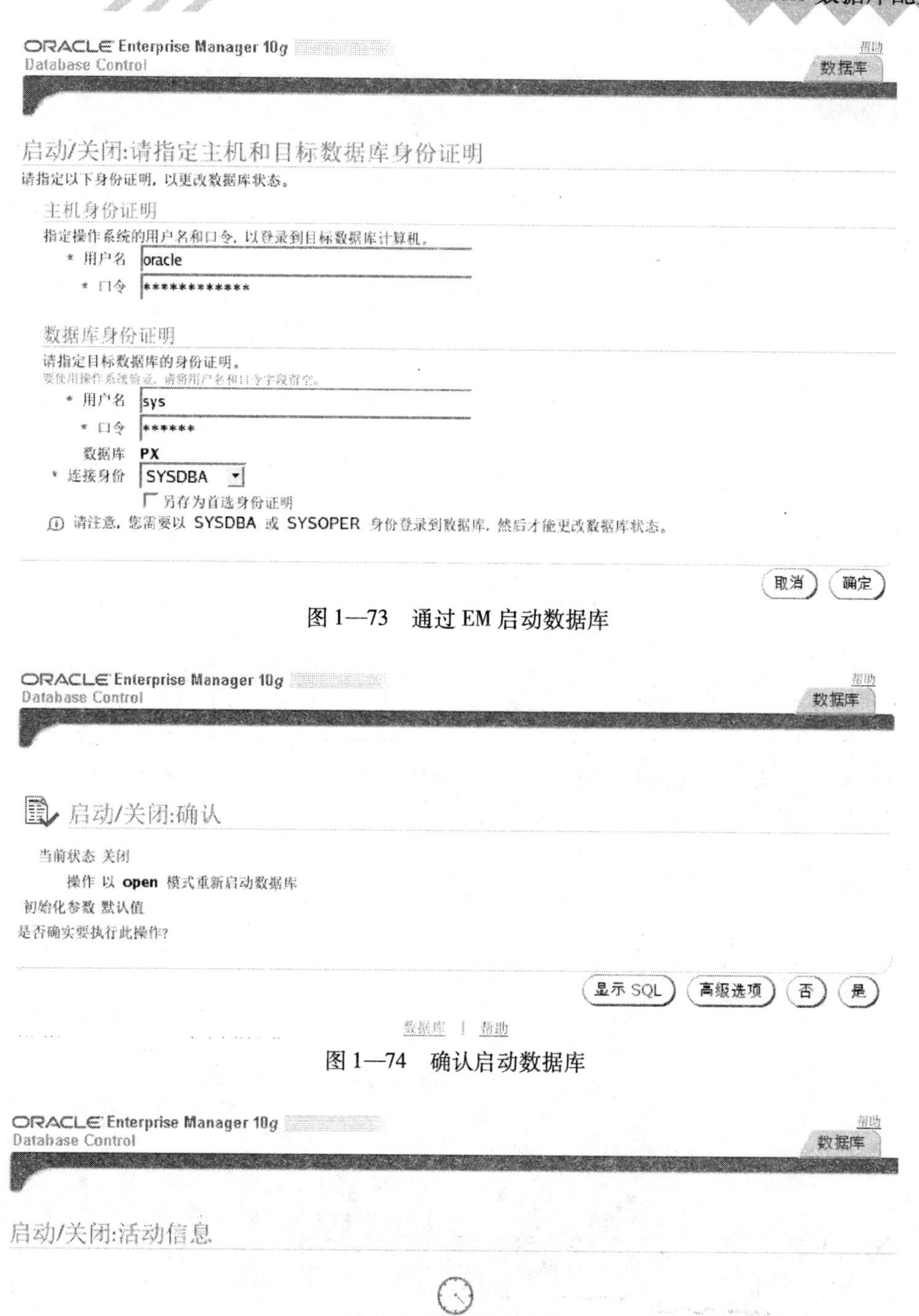

图 1—73 通过 EM 启动数据库

图 1—74 确认启动数据库

图 1—75 数据库实例启动中

ORACLE Enterprise Manager 10g
Database Control

帮助

登录

登录到数据库:PX

* 用户名

* 口令

连接身份 Normal

登录

图 1—76　重新登录

数据库实例: PX

主目录 性能 管理 维护

页刷新 2012-2-18 18:48:26 刷新 查看数据 自动（60 秒）

一般信息

关闭

状态 启动
开始运行时间 2012-2-18 下午06时47分09秒 CST
实例名 PX
版本 10.2.0.1.0
主机 localhost.localdomain
监听程序 LISTENER_localhost.localdomain
ASM +ASM_localhost.localdomain

查看所有属性

主机 CPU

1.0
0.5
0.0

当前无可用的数据。

加载 2.19 页活动 0.03

活动会话数

1.0
0.5
0.0

当前无可用的数据。

CPU 最大值 1

图 1—77　主管理窗口

数据库实例: PX

主目录 性能 管理 维护

一般信息

关闭

状态 启动
开始运行时间 2012-2-18 下午03时48分42秒 CST
实例名 PX
版本 10.2.0.1.0
主机 localhost.localdomain
监听程序 LISTENER_localhost.localdomain
ASM +ASM_localhost.localdomain

查看所有属性

图 1—78　主窗口的实例运行中

（2）单击“关闭”按钮后，进入身份确认页面，该页面需要输入实例所在操作系统的用户名和口令，以及数据库具有启动实例的用户名、口令以及连接身份，如图 1—79 所示。

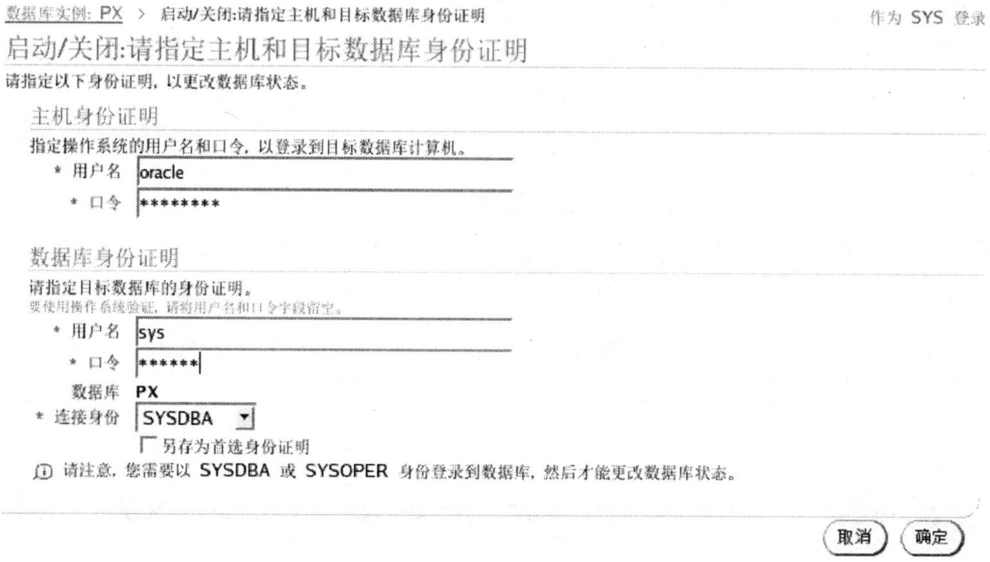

数据库实例: PX > 启动/关闭:请指定主机和目标数据库身份证明　　作为 SYS 登录

启动/关闭:请指定主机和目标数据库身份证明

请指定以下身份证明，以更改数据库状态。

主机身份证明

指定操作系统的用户名和口令，以登录到目标数据库计算机。

* 用户名 oracle

* 口令 ********

数据库身份证明

请指定目标数据库的身份证明。

要使用操作系统验证，请将用户名和口令字段留空。

* 用户名 sys

* 口令 ******

数据库 PX

* 连接身份 SYSDBA

另存为首选身份证明

请注意，您需要以 SYSDBA 或 SYSOPER 身份登录到数据库，然后才能更改数据库状态。

取消　确定

图 1—79　通过 EM 关闭数据库

（3）输入主机身份和数据库身份后单击“确定”按钮，进入到确认关闭数据库实例的确认页面，如图 1—80 所示。

图 1—80　确认关闭数据库实例

（4）确认关闭后进入到活动信息页面，如图 1—81 所示。

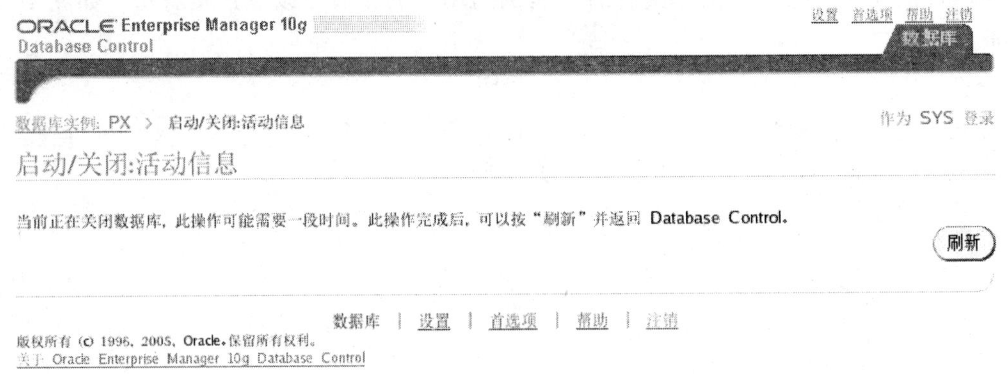

图 1—81　关闭实例活动信息窗口

（5）可以通过单击页面上的“刷新”按钮，返回到数据库实例控制页面，如图 1—82 所示。

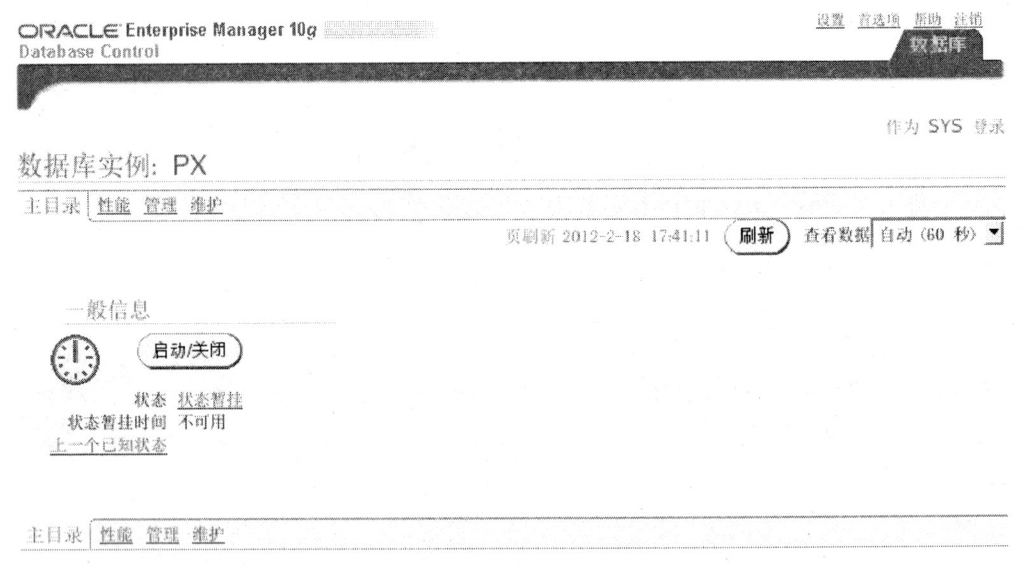

图 1—82　数据库实例控制页面

（6）数据库实例控制页面默认 60 s 自动刷新一次，刷新的目的是查看数据库实例关闭情况，当 EM 确认数据库实例已经关闭时，将返回到图 1—83 所示的实例控制页面。

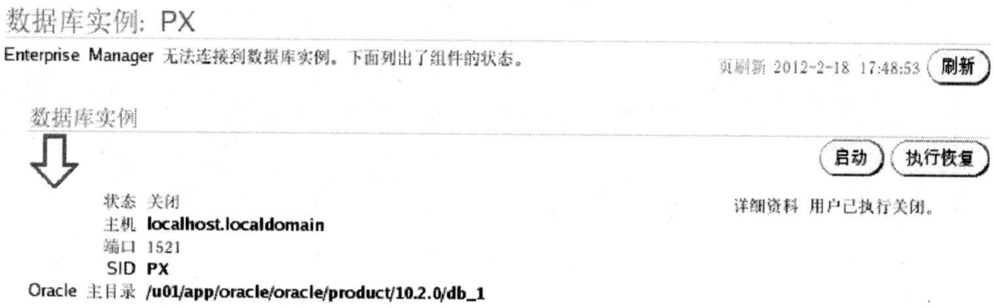

数据库实例: PX

Enterprise Manager 无法连接到数据库实例。下面列出了组件的状态。　页刷新 2012-2-18 17:48:53 刷新

数据库实例

启动　执行恢复

状态 关闭
主机 **localhost.localdomain**
端口 1521
SID **PX**
Oracle 主目录 **/u01/app/oracle/oracle/product/10.2.0/db_1**

详细资料 用户已执行关闭。

图 1—83　完成关闭实例

第2章

Oracle 数据库管理操作

第 1 节　数据库事务管理

学习单元 1　数据库事务

学习目标

- 了解数据库事务的属性
- 了解数据库事务的处理原则和应用
- 了解事务锁

知识要求

一、数据库事务概述

1. 数据库事务属性

数据库事务应该具有四个属性：原子性、一致性、隔离性、持续性。这四个属性通常称为 ACID 特性。

（1）原子性（atomicity）。事务是一个不可分割的工作单位，事务中包括的诸操作要么都做，要么都不做。

（2）一致性（consistency）。事务必须使数据库从一个一致性状态变到另一个一致性状态。一致性与原子性是密切相关的。

（3）隔离性（isolation）。一个事务的执行不能被其他事务干扰，即一个事务内部的操作及使用的数据对并发的其他事务是隔离的，并发执行的各个事务之间不能互相干扰。

（4）持久性（durability）。持久性也称永久性（permanence），指一个事务一旦提交，它对数据库中数据的改变就应该是永久性的，接下来的其他操作或故障不应该对其有任何影响。

2. 事务的处理原则

事务是 Oracle 操作完成的逻辑单位。事务的处理必须满足以下原则：

（1）可分性。事务只有两种状态，即完成和未完成。

（2）一致性。事务必须完成全部的操作，事务开始时系统为一个确定的状态，事务完成后系统则成为另一个确定的状态，事务未完成则回到事务开始时的确定状态，不允许出现未知的、不一致的“中间”状态。

（3）孤立性。事务的这个原则很好理解，即事务之间不能相互干扰。这种要求有时也被称为事务的串行性。

3. 事务的应用

一个事务包含一个或多个 SQL 语句，是逻辑管理的工作单元（原子单元）。一个事务开始于第一次执行的 SQL 语句，结束于 Commit 或 Rollback 或 DDL 语句（其中 Commit、Rollback 语句是显式的提交事务，而 DDL 语句是隐式的提交事务）。DDL 语句的操作是没有办法回滚的。请看如下的操作：

```
SQL >create table a(i int);
表已创建。
SQL >insert into a values(1);
已创建 1 行。
SQL >create table b(i int);
表已创建。
SQL >rollback;
回滚已完成
SQL >select * from a;
       I
----------
               1
```

在执行“create table b”语句之前，未提交的事务将自动进行提交，事务结束的原因有：

- 执行 Commit、Rollback，没有使用 savepoint。
- 执行 DDL 操作如：create，drop，rename，alter。
- 断开与 Oracle 的连接，事务将自动提交。
- 用户进程异常终止，当前事务回滚。

特别提示：应用程序与 Oracle 连接的情况下，在应用程序终止前必须显式的提交（Commit）或回滚（Rollback）。

在 Commit 操作中 Oracle 做如下内容：

- 与 UNDO 表空间关联的内部事务表记录该事务已经提交，产生唯一的系统交易号

（SCN）保存到该表中。

- LGWR 进程将 SGA 中的重做日志写入 redo log 文件，当然也要写 SCN 到重做日志文件。
- Oracle 释放锁定表中的行。
- Oracle 设置该事务完成。

特别提示：Commit 操作前的数据改变（保存在 SGA）不会马上写到数据文件中。这样做是为了使数据库更高效。从开发人员的角度来看这样，可以减少很多小事务的多次写磁盘。

Oracle 10.2 中与事务有关的操作如下：

```
commit work write immediate wait;              ——是 Oracle 默认的设置。
alter system set commit_write = nowait;        ——改变系统提交方式。
alter session set commit_write = nowait;       ——改变会话提交方式。
提交一个事务
SQL > commit work;
提交完成。
SQL > show autocommit;
autocommit OFF
SQL > create table t0(testcol number);
表已创建。
SQL > insert into t0 values(1);
已创建 1 行。
SQL > commit;
提交完成。
SQL > select * from t0;
   TESTCOL
 - - - - - -
         1
SQL > insert into t0 values(2);
已创建 1 行。
SQL > commit work;
提交完成。
SQL > select * from t0;
```

```
  TESTCOL
-----
      1
      2
```

二、并发事务

1. 事务锁的定义

多用户在访问相同的资源时，锁是用于防止事务之间的有害性交互的机制。当用户对数据库并发访问时，为了确保事务完整性和数据库一致性，需要使用锁，它是实现数据库并发控制的主要手段。锁可以防止用户读取正在由其他用户更改的数据，并可以防止多个用户同时更改相同数据。如果不使用锁，则数据库中的数据可能在逻辑上不正确，并且对数据的查询可能会产生意想不到的结果。Oracle 通过获得不同类型的锁，允许或阻止其他用户对相同资源的同时存取，并确保不破坏数据的完整性，从而自动满足了数据的完整性、并行性和一致性。为了在实现锁时不在系统中形成瓶颈和不阻止对数据的并行存取，Oracle 根据所执行的数据库操作自动地要求不同层次的锁定，以确保最大的并行性。

2. 锁机制和死锁

（1）锁机制。在 Oracle 中提供了两种锁机制。

1）共享锁（share lock）。共享锁通过数据存取的高并行性来实现。如果获得了一个共享锁，那么用户就可以共享相同的资源。许多事务可以获得相同资源上的共享锁。

2）独占锁（exclusive lock）。独占锁防止共同改变相同的资源。假如一个事务获得了某一资源上的一个专用锁，那么直到该锁被解除，其他的事务才能修改那个资源。但允许对资源进行共享。所有的锁在事务期间被保持，事务中的 SQL 语句所做的修改只有在事务提交时才作用于其他事务。Oracle 在事务提交和回滚事务时，释放事务所使用的锁。

（2）死锁。当两个或者多个用户等待其中一个被锁住的资源时，就有可能发生死锁现象。对于死锁，Oracle 自动进行定期搜索，通过回滚死锁中包含的其中一条语句来解决死锁问题，也就是释放其中一个冲突锁，同时返回一个消息给对应的事务。用户在设计应用程序时，要遵循一定的锁规则，尽力避免发生死锁现象。

3. 锁的类型

Oracle 自动提供了几种不同类型的锁，用于控制对数据的并行访问。一般情况下，Oracle的锁可以分为以下几种类型：

（1）DML 锁。DML 锁的目标是保证并行访问的数据完整性，DML 锁防止同步冲突的 DML 和 DDL 操作的破坏性交互。

（2）DDL锁。DDL锁保护方案中对象的定义在于调用一个DDL语句将会隐式提交事务。DDL锁有多种形式：

1）独占DDL锁。当CREATE、ALTER和DROP等语句用于一个对象时使用该锁。

2）共享DDL锁。当GRANT与CREATE PACKAGE等语句用于一个对象时使用此锁。

3）可中断的DDL锁。库高速缓存区中的语句或PL/SQL对象有一个用于它所引用的每一个对象的锁。假如被引用的对象改变了，可中断的DDL锁会持续。

（3）内部锁。内部锁包含内部数据库和内存结构。对于用户来说，它们是不可访问的。因为用户不需要控制它们的发生。

4. 锁查询

（1）锁查询代码。如果怀疑表被锁了，或者事务未被正常关闭，在Oracle数据库中可以通过以下语句进行查询，以获取相关信息。SQL代码如下：

```
select t2.username,
       t2.sid,
       t2.serial#,
       t3.object_name,
       t2.OSUSER,
       t2.MACHINE,
       t2.PROGRAM,
       t2.LOGON_TIME,
       t2.COMMAND,
       t2.LOCKWAIT,
       t2.SADDR,
       t2.PADDR,
       t2.TADDR,
       t2.SQL_ADDRESS,
       t1.LOCKED_MODE
  from v$locked_object t1,v$session t2,dba_objects t3
 where t1.session_id=t2.sid
   and t1.object_id=t3.object_id
 order by t2.logon_time;
```

大家发现，上面这条SQL语句用到了Oracle的两个动态视图和一个字典表，分别是v$locked_object、v$session、dba_objects。

v$locked_object 视图中记录了所有 session 中所有被锁定的对象信息。

v$session 视图记录了所有 session 的相关信息。

dba_objects 为 oracle 用户对象及系统对象的集合，通过关联这张表能够获取被锁定对象的详细信息。

（2）锁的模式。v$locked_object 中的 LOCKED_MODE 字段表示锁的模式，Oracle 中锁的模式有如下几种：

1）0：none。

2）1：null 空。

3）2：Row-S 行共享（RS），共享表锁，sub share。

4）3：Row-X 行独占（RX），用于行的修改，sub exclusive。

5）4：Share 共享锁（S），阻止其他 DML 操作，share。

6）5：S/Row-X 共享行独占（SRX），阻止其他事务操作，share/sub exclusive。

7）6：exclusive 独占（X），独立访问使用，exclusive 数字越大，锁级别越高，影响的操作越多。

（3）锁的级别。锁的级别有如下几种：

1）1 级锁：Select，有时会在 v$locked_object 出现。

2）2 级锁：Select for update、Lock For Update、Lock Row Share。

对于 select for update，当对话使用 for update 子串打开一个游标时，所有返回集中的数据行都将处于行级（Row-X）独占式锁定，其他对象只能查询这些数据行，不能进行 update、delete 或 select for update 操作。

3）3 级锁：Insert、Update、Delete、Lock Row Exclusive。

没有 commit 之前插入同样的一条记录会没有反应，因为后一个 3 级锁会一直等待上一个 3 级锁，必须释放掉上一个 3 级锁才能继续工作。

4）4 级锁：Create Index、Lock Share、locked_mode 为 2、3、4 级锁不影响 DML（insert、delete、update、select）操作，但 DDL（alter，drop 等）操作会提示 ora-00054 错误。

5）5 级锁：Lock Share Row Exclusive 具体来讲对表有主、外键的约束时执行 update、delete，可能会产生 4、5 级锁。

6）6 级锁：有 Alter table、Drop table、Drop Index、Truncate table、Lock Exclusive 这五种。

5. 与锁相关的字典表

查询是否有锁的存在，通过查询动态视图及字典表来实现，常用动态视图及字典表有：V$LOCK、V$LOCKED_OBJECT、DBA_LOCKS、DBA_WAITERS、DBA_BLOCKERS，下面将详细说明各列的用途。

（1）V$LOCK 视图的各个列及其说明，详见表2—1。

表2—1　　V$LOCK 视图

列名	类型	说明
ADDR	RAW（4）	在内存中锁定的对象的地址
KADDR	RAW（4）	在内存中锁的地址
SID	NUMBER	保持或申请锁的会话的标识号
TYPE	VARCHAR2（2）	锁的类型，如TX是行锁或事务锁、TM代表表锁或DML锁、UL代表PL/SQL用户锁等
ID1	NUMBER	锁的第1标识号，例如，锁的类型为TM时该值表示将要被锁定的对象的标识号，锁的类型为TX时该值表示撤销段号码的十进制值等情况
ID2	NUMBER	锁的第2标识号，例如，锁的类型是TM时该值为0，锁的类型是TX时该值表示交换次数等情况
IMODE	NUMBER	会话保持的锁的模式，通常值有：0代表none、1代表null、2代表Row-S（RS）、3代表Row-X（RX）、4代表Share、5代表S/Row-X（SRX）、6代表exclusive
REQUEST	NUMBER	会话申请的锁的模式，与LMODE中的模式相同
CTIME	NUMBER	以秒为单位的，获得当前锁（或转换成当前锁的模式）自发生到查询时的锁定时间
BLOCK	NUMBER	当前锁是否阻塞另一个锁；0代表不阻塞、1代表阻塞

（2）V$LOCKED_OBJECT 视图的各个列及其说明，详见表2—2。

表2—2　　**V$LOCKED_OBJECT 视图**

列名	类型	说明
XIDUSN	NUMBER	撤销段号码
XIDSLOT	NUMBER	被锁定的对象在撤销段中的位置
XIDSQN	NUMBER	序列号
OBJECT_ ID	NUMBER	被锁定的对象的标识号
SESSION_ ID	NUMBER	会话的标识号
ORACLE_ USERNAME	VARCHAR2（30）	Oracle用户名
OS_ USER_ NAME	VARCHAR2（30）	操作系统用户名
PROCESS	VARCHAR2（24）	操作系统进程标识号
LOCKED_ MODE	NUMBER	对象被锁定的模式，通常值有：0代表none、1代表null、2代表Row-S（RS）、3代表Row-X（RX）、4代表Share、5代表S/Row-X（SRX）、6代表exclusive

（3）DBA_LOCKS 视图的各个列及其说明，详见表 2—3。

表 2—3　　DBA_LOCKS 视图

列名	类型	说明
SESSION_ ID	NUMBER	保持或申请锁的会话的标识号
LOCK_ TYPE	VARCHAR2（26）	锁的类型
MODE_ HELD	VARCHAR2（40）	保持的锁的模式
MODE_ REQUESTED	VARCHAR2（40）	申请的锁的模式
LOCK_ ID1	VARCHAR2（40）	锁的第 1 标识号
LOCK_ ID2	VARCHAR2（40）	锁的第 2 标识号
LAST_ CONVERT	NUMBER	以秒为单位的，获得当前锁（或转换成当前锁的模式）自发生到查询时的锁定时间
BLOCKING_ OTHERS	VARCHAR2（40）	当前锁是否阻塞另一个锁；Not Blocking 代表不阻塞；Blocking 代表阻塞

（4）DBA_WAITERS 视图的各个列及其说明，详见表 2—4。

表 2—4　　DBA_WAITERS 视图

列名	类型	说明
WAITING_ SESSION	NUMBER	等待锁的会话（被阻塞的会话）的标识号
HOLDING_ SESSION	NUMBER	保持锁的会话（被阻塞的会话）的标识号
LOCK_ TYPE	VARCHAR2（26）	锁的类型
MODE_ HELD	VARCHAR2（40）	保持的锁的模式
MODE_ REQUESTED	VARCHAR2（40）	申请的锁的模式
LOCK_ ID1	NUMBER	锁的第 1 标识号
LOCK_ ID2	NUMBER	锁的第 2 标识号

（5）DBA_BLOCKERS 视图的各个列及其说明，详见表 2—5。

表 2—5　　DBA_BLOCKERS 视图

列名	类型	说明
HOLDING_ SESSION	NUMBER	显示阻塞了其他会话的那些会话的标识号

学习单元 2　数据库事务处理操作

学习目标

- 了解事务的含义及特性
- 了解提交事务概念
- 了解回滚事务概念

知识要求

一、事务的含义及特性

事务就是将多个操作组合在一起，形成一个不可分割的原子操作，要么同时执行成功，要么不执行。最好的例子就是银行的转账，如下面对 account 表的查询结果（id 列为主键）：

```
    id        balance
  ------    --------------
    1         1 000
    2         1 000
update account set balance = balance - 100 where id = 1;
update account set balance = balance + 100 where id = 2;
```

当正好执行完前三条 SQL 语句的时候，突然发生了停电事故，导致后三条 SQL 语句还没来得及执行，最终产生的后果是数据库白白地丢失了 100 元，这个后果非常严重，所以事务的产生就是为了解决这个问题而出现的，它把这 6 个语句当成一个整体来看待，要么同时执行，要么全不执行。所以事务具有原子性、一致性、隔离性以及持久性 4 个特性。

二、提交事务

1. 提交前执行的操作

当发生 Insert、Update、Delete 的操作时，在 Commit 之前，实际上已经做了以下 9 个步骤的操作：

（1）在 SGA 区中产生回滚段的记录（rollback segment）。

（2）在 SGA 的数据库共享池中修改了数据。

（3）已经在 SGA 的重做日志缓冲区中为以上两项的缓冲做了重做记录。

（4）取决于上面 3 项的大小和消耗的时间，一部分上面的记录将转移到磁盘上。

（5）已经获得所有的锁。当 Commit 的时候，所有剩下的工作就是下面三个步骤的内容。

（6）为事务产生一个系统改变号 SCN（system change number）。

（7）LGWR 把所有余下的缓冲池中的重做日志条目写到磁盘上，并且在联机重做日志中记录 SCN。实际上，这个步骤就是 Commit。如果发现这个步骤，就已经是提交了，删除了事务条目，就表示已经提交了。在 v $transaction 视图中的记录将消失。

（8）释放所有会话占用的所有锁，释放进入队列等待中被占用锁定的每个事务。

（9）访问多个修改事务块，如果它们仍在缓冲区高速缓存中，用快速模式访问和“清除”（块清除是为了满足快速的 Commit 操作而引入的，它使 Oracle 可以尽量快地完成数据提交，使事务提交平滑）。

2. 提交事务

当事务提交时，正常情况下应该清除影响的数据块上的 ITL 事务链表，更新 row directory，反映出 Delete 操作的行标识，但是如果事务较大，影响的数据块非常多，超过了缓冲区的 10% 的时候，Commit 不会清除数据块上面的相关信息，而是保留到下次对这些数据块访问的时候，这样导致下次访问数据块的速度比正常情况下慢很多（特别是大型的批处理），它要清除上面的 ITL 链表、row directory、SCN 号等，此时还会产生 redo 信息。

整个 Commit 过程中，LGWR 写重做条目到磁盘上最费时间，这个要涉及物理硬盘的I/O。

LGWR（Log Writer）是一个专门用于将重做项写入重做日志的进程。在发生提交的时候，LGWR 必须将被修改数据的重做日志缓冲区内的数据写入日志数据文件，然后再通知前台进程提交成功，并由前台进程通知用户。从这里可以看出 LGWR 承担了维护系统数据完整性的任务。（注：重做日志是对数据库进行的所有事务的一个复制）

三、回滚事务

回滚段管理一直是 Oracle 数据库管理的一个难题，在此将详细地讲解 Oracle 回滚事务的概念及相关知识。

1. 回滚段的含义

回滚段的作用是存放数据修改之前的值（包括数据修改之前的位置和值）。回滚段的头部包含正在使用的该回滚段事务的信息。一个事务只能使用一个回滚段来存放它的回滚信息，而一个回滚段的作用是事务回滚；当事务修改表中数据的时候，该数据修改前的值

（即前影像）会存放在回滚段中，当用户回滚事务（即 Rollback 操作）的时候，Oracle 将会利用回滚段中的数据前影像来进行数据修改。

另外一种事务恢复产生的原因发生在事务正在处理的时候，发生了例程失败，这个时候就会产生数据回滚事务，把回滚段的信息保存在重做日志文件中，Oracle 将在下次打开数据库时利用回滚来恢复未提交的数据。

2. 读一致性的含义

读一致性指的是当一个会话正在修改数据时，其他的会话将看不到该会话未提交的修改。而且当一个语句正在执行时，该语句看不到从该语句开始执行后的未提交的修改（语句级读一致性）。当 Oracle 执行 Select 语句时，Oracle 依照当前的系统改变号（SYSTEM CHANGE NUMBER - SCN）来保证任何前于当前 SCN 的未提交的改变不被该语句处理。可以想象正在执行一个长时间的查询时，若其他会话改变了该查询要查询的某个数据块，Oracle 将利用回滚段事务级的读一致性来解决读取数据的一致性问题。

3. 回滚段的种类

回滚段的种类可以分为系统回滚段和非系统回滚段这两种。

（1）系统回滚段。当数据库创建后，将自动创建一个系统回滚段，该回滚段只用于存放系统表。

（2）非系统回滚段。拥有多个表空间的数据库至少应该有一个非系统回滚段，用于存放非系统表空间中对象的数据前影像。

非系统回滚段又分为私有回滚段和公有回滚段，私有回滚段应在参数文件的 ROLLBACK SEGMENTS 参数中列出，以便例程启动时自动使其在线（ONLINE）。公有回滚段一般在 OPS（ORACLE 并行服务器）中出现，将在例程启动时自动在线。DEFERED 回滚段：该回滚段在表空间离线（OFFLINE）时由系统自动创建，当表空间再次在线时由系统自动删除，用于存放表空间离线时产生的回滚信息。

4. 回滚段的使用与分配

当事务开始时，ORACLE 将为该事务分配回滚段，并将拥有最少事务的回滚段分配给该事务，事务可以用以下语句申请指定的回滚段：

SET TRANSTRACTION USE ROLLBACK SEGMENT rollback_ segment

事务将以顺序、循环的方式使用回滚段的区（EXTENTS），当当前区用满后移到下一个区。几个事务可以写在回滚段的同一个区，但每个回滚段的块只能包含一个事务的信息。

这里将举例说明，例如，有两个事务使用同一个回滚段，该回滚段有四个区，将发生以下的操作：

（1）事务在进行中，它们正在使用回滚段的第三个区。

（2）当两个事务产生更多的回滚信息时，它们将继续使用第三个区。

（3）当第三个区满后，事务将写到第四个区，当事务开始写到一个新的区时，称为翻转。

（4）当第四个区用满时，如果第一个区是空闲或非活动（使用该区的所有事务完成且没有活动的事务）的，事务将接着使用第一个区。

5. 回滚前执行的操作

当事务发生回滚的时候，在回滚之前已经执行了以下操作：

（1）在 SGA 区中产生回滚段的记录（rollback segment）。

（2）在 SGA 的数据库共享池中修改了数据。

（3）已经在 SGA 的重做日志缓冲区中为以上两项的缓冲做了重做记录。

（4）取决于上面 3 项的大小和消耗的时间，一部分上面的记录转移到磁盘上。

（5）已经获得所有的锁。

6. 回滚时触发的事务

回滚发出的时候，还会触发以下事务：

（1）通过 Rollback 记录完成撤销所有已做的修改。Insert 的操作就会执行 Delete 操作，Update 的操作是逆向修改，Delete 的操作就是将数据再次 Insert 回去。

（2）释放所有会话中被占用的锁，释放所有在队列中等待被占用锁定的每个事项。

综合上述对比，得出 Rollback 比 Commit 做得要多一些，所消耗的时间也是 Rollback 比 Commit 要长。

第 2 节　数据库高级操作

学习单元 1　数据库升级迁移

➢ 掌握数据库升级前的准备和实施步骤

➢ 掌握 Oracle 10 g 升级补丁安装方法

知识要求

本节将讲解 Oracle 数据库软件的升级，需要进行数据库升级的原因是：首先，由于新版本数据库有了新特性，可以改善系统的性能，增加系统的健壮性，以及增强系统的可扩张性和可用性；其次，需要解决数据库某个版本的 bug 或者为了增强数据库的安全性，所以才需要对数据库进行升级。

数据库升级一般分为以下情况：

- 从低版本数据库向高版本数据库的升级。
- 数据库有了新的补丁，需要安装新的补丁。

在确定需要执行数据库升级后，需要制订详细的升级计划。由于数据库升级的操作是一项高风险的操作，所以在升级前需要制订详细及完整的计划，并且需要反复验证及测试升级数据库的各个阶段，保证升级数据库安全可靠的进行。

技能要求

一、数据库升级

1. 数据库升级前的准备

（1）升级数据库前首先要熟悉新数据库的各种新特性，例如，优化器的改进、参数的变化、内存的管理、表空间、段的管理、数据库回闪特性、存储的管理等。

（2）确定升级到新版本数据库的升级路径，升级到新版本的路径取决于当前数据库的发行号，如果不能从当前的数据库版本升级到最新版本，首先要升级到一个中间版本，然后再升级到最新版本。

2. 数据库升级的实施步骤

（1）对 Oracle 数据库进行备份。

（2）确认 Oracle 数据库的 Home 目录安装路径。

（3）关闭数据库：

```
SQLPLUS /NOLOG
CONN /AS SYSDBA
SHUTDOWN IMMEDIATE
```

停止所有的 Oracle 运行服务。

（4）解压安装包，将安装包改成用户为 oracle 用户所有，运行升级程序。

Linux 修改文件执行权限后，执行补丁修复程序中的执行文件 runInstaller。

Windows 直接运行补丁修复程序中的执行文件的 Setup. exe。

（5）安装完成后确认并进行以下步骤：

1）检查表空间的大小和参数设置值。

2）System 表空间有 10 MB 以上的空闲空间。

3）设定 SHARED_POOL_SIZE 和 JAVA_POOL_SIZE 的初始参数。

```
SQL > STARTUP
SQL > SHOW PARAMETER PFILE;
```

4）确定当前的值。

```
SQL > SHOW PARAMETER SHARE_POOL_SIZE
SQL > SHOW PARAMETER JAVA_POOL_SIZE
```

5）更改参数值。

```
SQL > ALTER  SYSTEM  SET  SHARE_POOL_SIZE = '150M'SCOPE = SPFILE;
SQL > ALTER SYSTEM SET JAVA_POOL_SIZE = '150M' SCOPE = spfile;
```

6）关闭数据库。

```
SQL > shutdown immediate;
```

（6）升级数据库。

```
SQL > START UPGRADE
SQL > SPOOL PATCH.LOG
SQL > @?/rdbms/admin/catpatch.sql
SQL > SPOOL OFF
```

查看升级的 LOG:PATCH.LOG。

（7）重新启动数据库。

```
SQL > SHUTDOWN IMMEDIATE;
SQL > STARTUP
```

运行

```
SQL > @?/rdbms/admin/utlrp.sql
```

（8）升级完毕。测试数据库使用状态，使用 select * from v$version；查询数据库版本号。

二、Oracle 10 g 升级补丁安装

1. 停止所有 Oracle 相关进程，如关闭数据库实例、监听、ASM、OEM 等与 Oracle 相关的服务，完成关闭后，对数据库进行冷备份。

2. 下载并安装补丁 p6810189_ 10204_ Linux - x86，使用 oracle 用户执行 runInstaller 程序，运行后将打开如图 2—1 所示的安装信息界面。

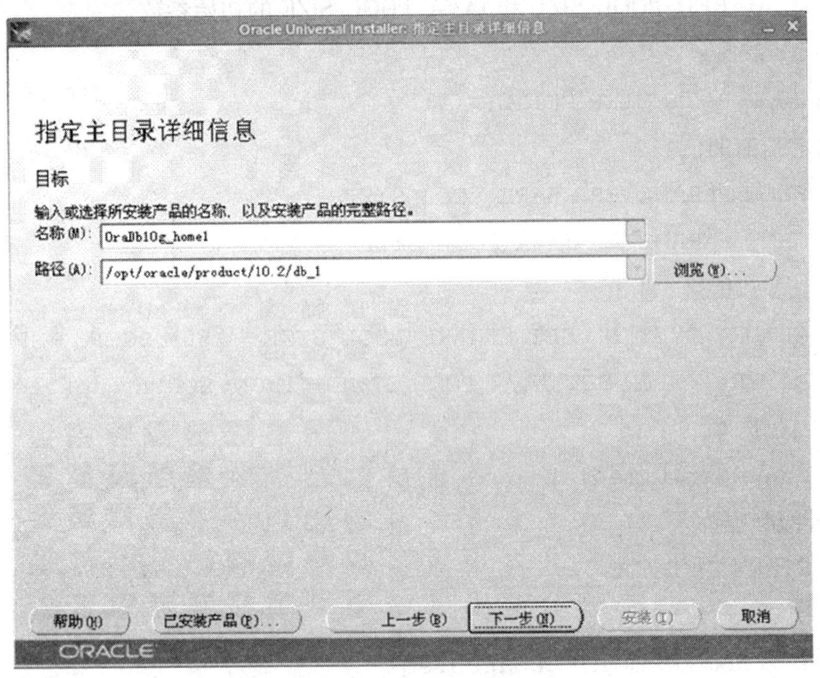

图 2—1　指定主目录详细信息

3. 确认安装产品的名称及路径后单击“下一步”按钮，进入产品特定的先决条件检查，如图 2—2 所示。

4. 在所有检查完成并显示检查状态都是成功的情况下，单击“下一步”按钮，进入到执行配置脚本页面，如图 2—3 所示。

5. 使用 oracle 用户打开一个终端窗口，执行提示的脚本，本例中为：[root@ linux ~]# /opt/oracle/product/10. 2/db_ 1/root. sh，完成后关闭终端，返回安装界面，单击“确定”按钮，如图 2—4 所示。

6. 单击“下一步”按钮，完成 Oracle 程序的升级，如图 2—5 所示。

7. 在安装完成后先不要启动数据库，补丁安装完成只是对软件的安装，还需要升级数据库实例。

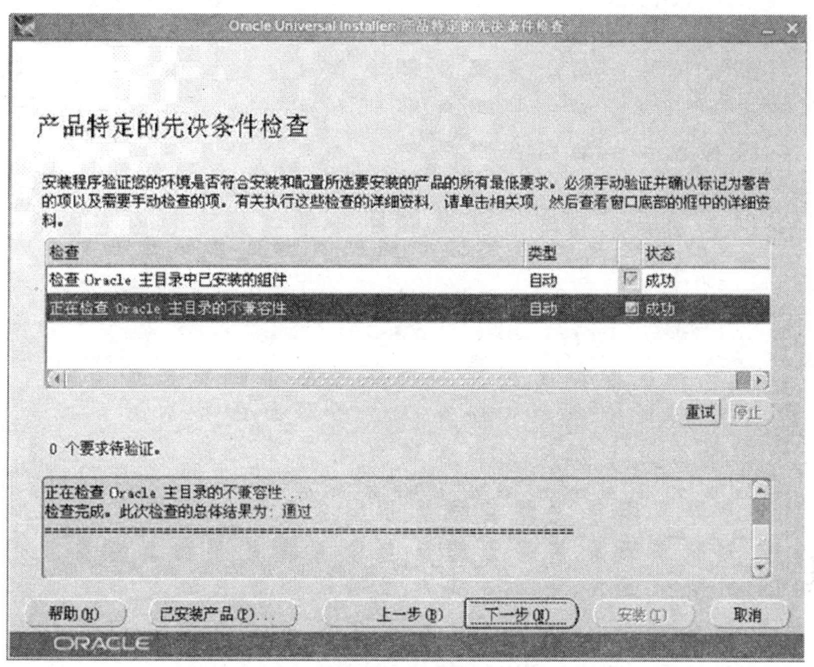

图 2—2　产品特定的先决条件检查

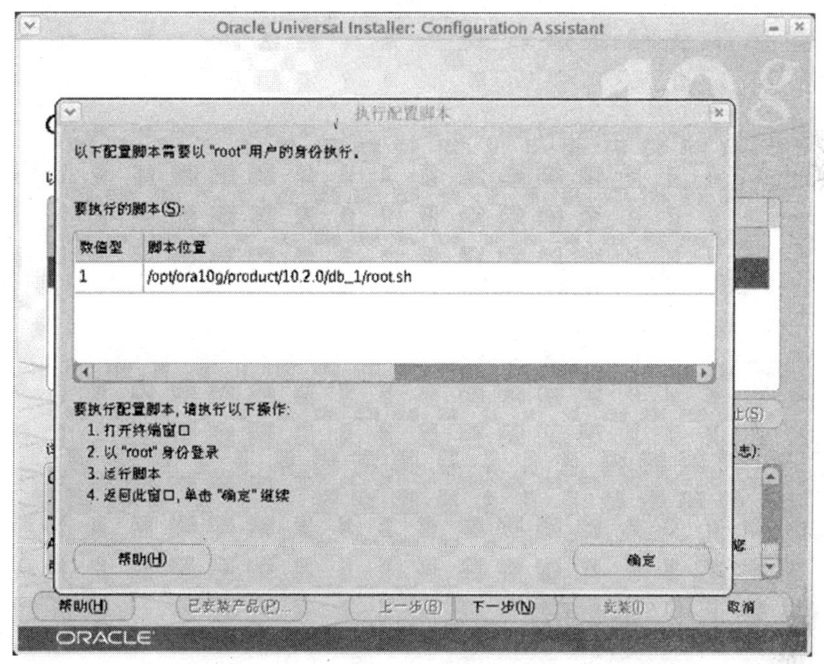

图 2—3　执行配置脚本提示

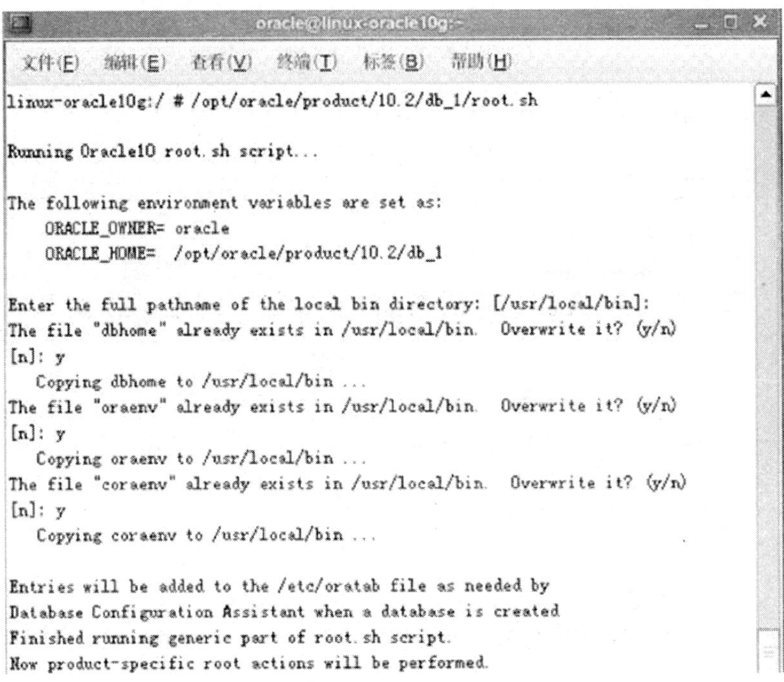

图 2—4 执行配置脚本

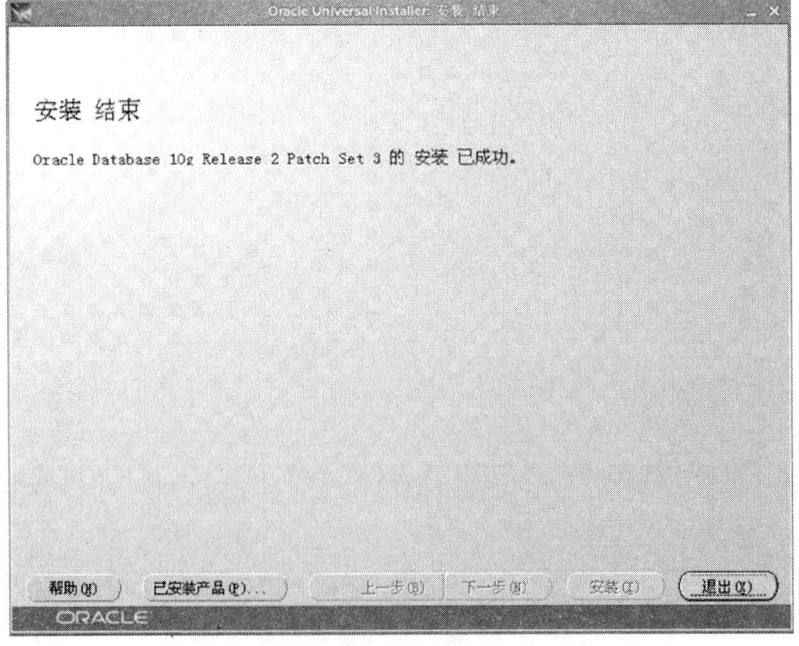

图 2—5 安装结束

三、升级数据库实例

升级数据库实例有两种方法：

- 使用 DBUA 升级（图形化界面，操作简单）。
- 手工升级（字符界面）。

下面将分别介绍这两种升级方式。

1. DBUA 方式

（1）以 oracle 用户登录终端，设置好环境变量后执行 DBUA，可以看到欢迎界面，如图 2—6 所示。

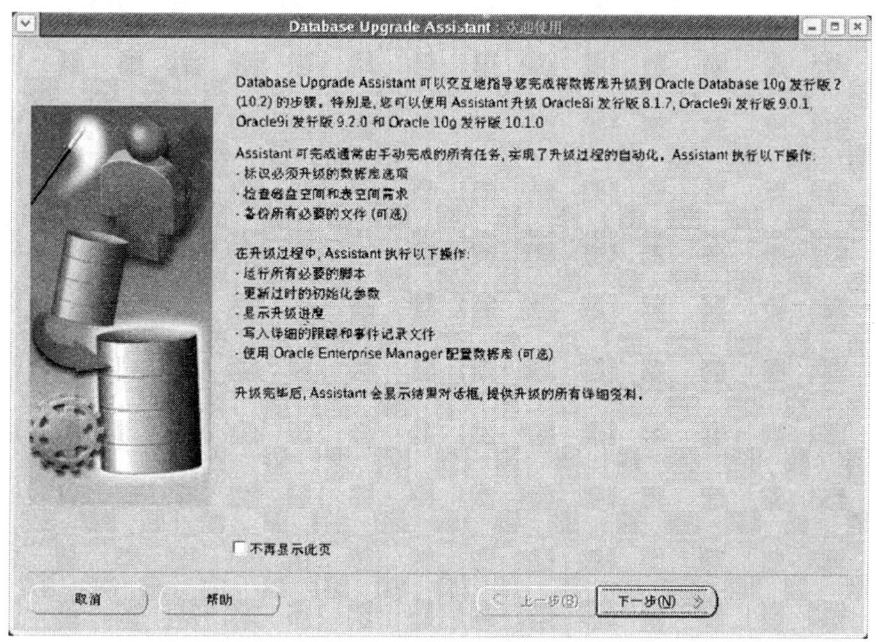

如图 2—6　DBUA 欢迎窗口

（2）单击“下一步”按钮，按照提示选择数据库（如果要操作的数据库不在列表中，手工修改/etc/oratab 添加 SID），建议选中“升级完成后编译无效对象”的选项，接着进行下一步操作。如果在操作之前没有备份数据库，可以在此选择备份。DBUA 执行的是冷备份，需要预先估计好磁盘剩余空间。单击“下一步”按钮，Oracle 开始升级操作，如图 2—7 所示。

（3）升级完成后单击“下一步”按钮，可以看到本次升级的升级结果，如图 2—8 所示。

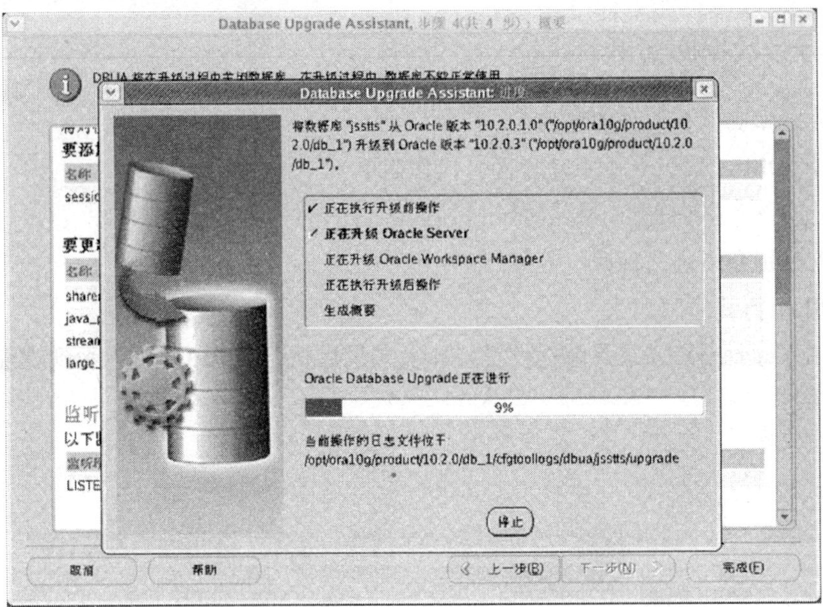

图 2—7　升级进度

图 2—8　升级结果

（4）升级完成，Oracle 将会自动打开数据库，这时候需要登录数据库实例进行升级后的检查。

2．手工升级

（1）使用 oracle 用户登录终端，检查或设置环境变量，并以 SYSDBA 的权限登录到 sqlplus。

（2）使用升级模式启动数据库，命令为“startup upgrade”。

（3）重建数据字典，执行该操作时建议在归档模式关闭的情况下进行，在 sqlplus 下执行“@？/rdbms/admin/catupgrd. sql”脚本，该脚本是用于升级实例的脚本，在执行前建议开启记录日志的功能，如图 2—9 所示为升级时的部分日志。

```
Component                                  Status        Version  HH:MM:SS
Oracle Database Server                      VALID       10.2.0.4.0  00:18:50
JServer JAVA Virtual Machine                VALID       10.2.0.4.0  00:03:33
Oracle XDK                                  VALID       10.2.0.4.0  00:00:50
Oracle Database Java Packages               VALID       10.2.0.4.0  00:00:49
Oracle Text                                 VALID       10.2.0.4.0  00:01:00
Oracle XML Database                         VALID       10.2.0.4.0  00:02:54
Oracle Workspace Manager                    VALID       10.2.0.4.3  00:01:20
Oracle Data Mining                          VALID       10.2.0.4.0  00:00:39
OLAP Analytic Workspace                     VALID       10.2.0.4.0  00:00:52
OLAP Catalog                                VALID       10.2.0.4.0  00:01:45
Oracle OLAP API                             VALID       10.2.0.4.0  00:01:27
Oracle interMedia                           VALID       10.2.0.4.0  00:06:21
Spatial                                     VALID       10.2.0.4.0  00:03:00
Oracle Expression Filter                    VALID       10.2.0.4.0  00:00:22
Oracle Enterprise Manager                   VALID       10.2.0.4.0  00:02:42
Oracle Rule Manager                         VALID       10.2.0.4.0  00:00:14
.
Total Upgrade Time: 00:46:47
DOC>#######################################################################
DOC>#######################################################################
DOC>
DOC>   The above PL/SQL lists the SERVER components in the upgraded
DOC>   database, along with their current version and status.
DOC>
DOC>   Please review the status and version columns and look for
DOC>   any errors in the spool log file.  If there are errors in the spool
DOC>   file, or any components are not VALID or not the current version,
DOC>   consult the Oracle Database Upgrade Guide for troubleshooting
DOC>   recommendations.
DOC>
DOC>   Next shutdown immediate, restart for normal operation, and then
DOC>   run utlrp.sql to recompile any invalid application objects.
DOC>
DOC>#######################################################################
DOC>#######################################################################
DOC>#
SQL>
```

图 2—9　部分日志

（4）执行完重建数据字典，重启数据库。

（5）编译无效对象，可以使用“@？/rdbms/admin/utlrp. sql”脚本重新编译无效的对象。

3. 升级后检查

运行下面的 SQL 命令来检查升级之后所有组件的状态，显示值为 VALID，则表示成功完成升级，如图2—10所示。

下面为升级后用于查询升级情况的 SQL 语句，该语句需要使用 DBA 角色进行查询：

```
select comp_name,version,status from sys.dba_registry;
```

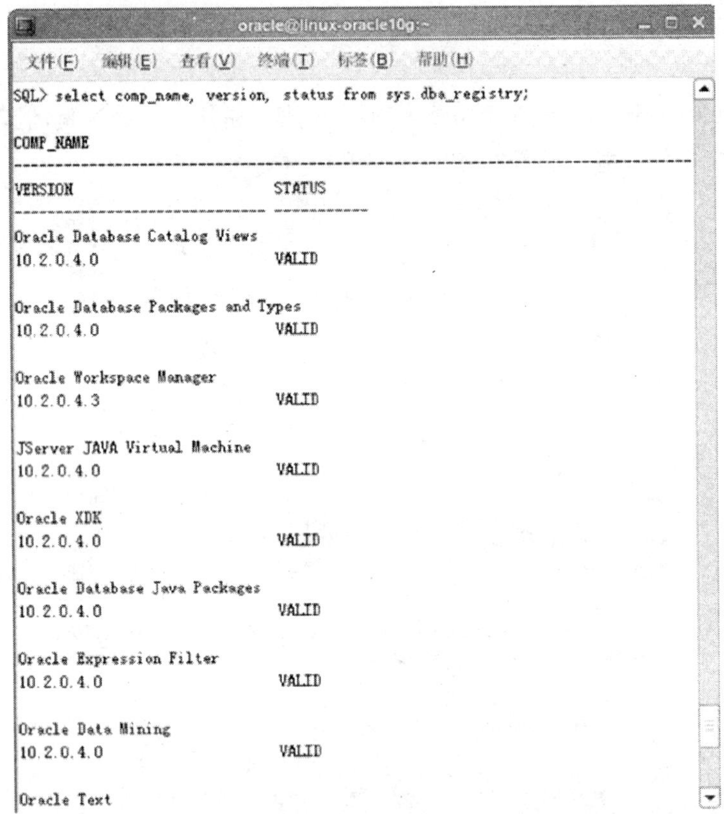

图 2—10　查询升级情况

学习单元 2　SQL * Loader 基础

学习目标

- 了解 SQL * Loader 的特点和所需文件
- 掌握 SQL * Loader 的详细语法和操作方法

知识要求

一、SQL * Loader 的特点

Oracle 自身已经有很多的工具用于解决数据的迁移、备份和恢复等各项工作，但是每个工具都有自己的特点及缺陷。比如说 exp 和 imp 可以对数据库中的数据进行导出和导入，是一个数据库备份和恢复的工具，因此，主要用于数据库的热备份和恢复，有着使用简单、快捷的优点；同时也有一些缺点，比如在不同版本数据库之间的导出、导入的过程之中，总会出现各种各样的问题，这个也许是 Oracle 公司自己产品的兼容性方面的问题。

SQL * Loader（SQLLDR）工具却没有这方面的问题，它可以把一些以文本格式存放的数据顺利地导入到 Oracle 数据库中，是一种在不同数据库之间进行数据迁移的非常方便而且通用的工具，SQL * Loader 具有如下特点：

1. 能装入不同数据类型文件及多个数据文件的数据。
2. 可装入固定格式、自由定界以及可度长格式的数据。
3. 可以装入二进制、压缩十进制数据。
4. 一次可对多个表装入数据。
5. 连接多个物理记录装到一个记录中。
6. 对单一记录分解再装入到表中。
7. 可以用数对制定列生成唯一的 KEY。
8. 可将磁盘或磁带数据文件装入列表中。
9. 提供装入错误报告。
10. 可以将文件中的整型字符串自动转成压缩十进制并装入列表中。

二、SQL * Loader 所需文件

SQL * Loader 模块至少需要两个文件才可以使用，即数据文件和控制文件，下面将介绍 SQL * Loader 用到的文件。

1. 数据文件

顾名思义，数据文件就是人们需要导入的数据集合。对于 Oracle 系统来说，可以支持多个格式的数据文件，如逗号分隔符或者 Tab 键分隔符或者分号分隔符等文本文件，也支持固定宽度的文本文件等。不过在实际应用中，需要根据实际情况选择使用的分隔符。

2. 控制文件

控制文件起到的作用就是建立数据文件与 Oracle 数据表字段之间的一一对应关系。简

单地说，把数据文件中的某个内容放在 Oracle 数据表中的某个字段上，这就是控制文件所起的主要作用。

3. 坏文件

坏文件是指在导入过程中，一些导入不成功的记录，则会被保存在这个坏文件中；所以，对于数据库管理员来说，这个文件有时候往往比数据导入日志文件更加实用。建议在使用 SQL * Loader 导入数据的时候，最好能够指定这个坏文件。这对于后续核对导入数据的准确性具有很大的实用价值，整体结构如图 2—11 所示。

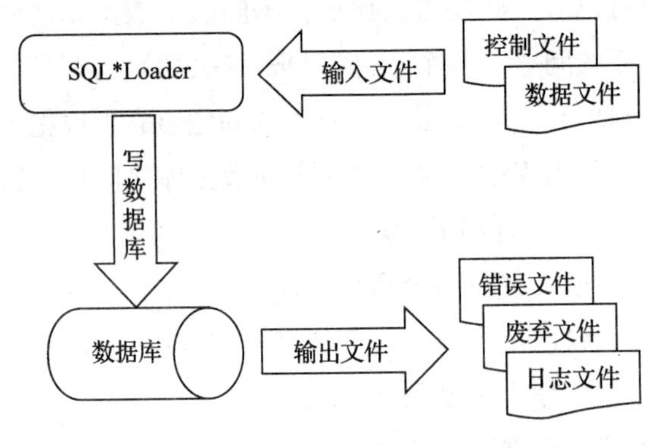

图 2—11　整体结构图

技能要求

本部分将会讲解 Oracle SQL * Loader 的详细语法及具体操作。

一、SQL * Loader 的详细语法

以 oracle 用户打开终端，执行不带任何参数的 sqlldr 命令，将会显示如下命令帮助（本例中使用的 Oracle 版本为 10. 2. 0. 1. 0，各个版本的帮助会有所差异）。

```
[oracle@ localhost ~] $sqlldr

SQL * Loader:Release 10.2.0.1.0 - Production on 星期 ×12 月 21 10:11:12 2012

Copyright(c)1982,2005,Oracle.  All rights reserved.
```

```
用法:SQLLDR keyword = value[,keyword = value,...]

有效的关键字:

    userid——oracle 用户名/口令
   control——控制文件名
    log——日志文件名
    bad——错误文件名
    data——数据文件名
  discard——废弃文件名
discardmax——允许废弃的文件的数目          (全部默认)
      skip——要跳过的逻辑记录的数目  (默认 0)
      load——要加载的逻辑记录的数目  (全部默认)
    errors——允许的错误的数目          (默认 50)
      rows——常规路径绑定数组中或直接路径保存数据间的行数
            (默认:常规路径 64,所有直接路径)
bindsize——常规路径绑定数组的大小(以字节计) (默认 256000)
  silent——运行过程中隐藏消息(标题,反馈,错误,废弃,分区)
  direct——使用直接路径                    (默认 FALSE)
 parfile——参数文件:包含参数说明的文件的名称
parallel——执行并行加载                      (默认 FALSE)
    file——要从以下对象中分配区的文件
skip_unusable_indexes——不允许/允许使用无用的索引或索引分区  (默认
FALSE)
skip_index_maintenance——没有维护索引,将受到影响的索引标记为无用  (默认
FALSE)
commit_discontinued——提交加载中断时已加载的行  (默认 FALSE)
  readsize——读取缓冲区的大小                (默认 1048576)
external_table——使用外部表进行加载;NOT_USED,GENERATE_ONLY,EXECUTE
(默认 NO T_USED)
```

```
columnarrayrows——直接路径列数组的行数 （默认 5000）
streamsize——直接路径流缓冲区的大小(以字节计) （默认 256000）
multithreading——在直接路径中使用多线程
 resumable——启用或禁用当前的可恢复会话 （默认 FALSE）
resumable_name——有助于标识可恢复语句的文本字符串
resumable_timeout——RESUMABLE 的等待时间(以秒计) （默认 7200）
date_cache——日期转换高速缓存的大小(以条目计) （默认 1000）

PLEASE NOTE:命令行参数可以由位置或关键字指定。前者的例子是'sqlload scott/
tiger foo';后一种情况的一个示例是'sqlldr control = foo
userid = scott/tiger'位置指定参数的时间必须早于但不可迟于由关键字指定的参
数。例如,
允许'sqlldr scott/tiger control = foo logfile = log',但是
不允许'sqlldr scott/tiger control = foo log',即使
参数'log'的位置正确。
```

二、SQL * Loader 的具体操作

本部分将会一步一步地讲述如何使用 SQLLDR 命令以及相关的文件。

1. 登录 SQL PLUS 并创建一张用于导入数据的表，脚本如下：

```
SQL >create table demo1
  2  (
  3  deptno number(2)not null,
  4  dname varchar2(14),
  5   loc varchar2(13)
  6  )
  7  /

表已创建。
```

2. 使用 SQLLDR 命令需要有一个控制文件（control file）。控制文件中包含了描述加载到数据库中的数据信息（如表名、列名、数据类型等），还可以包含需要加载到表内的数据，将以下面的示例讲解控制文件：

```
行号   示例控制文件代码
(1)  LOAD DATA
(2)  INFILE *
(3)  INSERT INTO TABLE demo1
(4)  FIELDS TERMINATED BY','
(5)  (DEPTNO,DNAME,LOC)
(6)  BEGINDATA
(7)  10,ACCOUNTING,NEW YORK
(8)  20,RESEARCH,DALLAS
(9)  30,SALES,CHICAGO
(10)  40,OPERATIONS,BOSTON
```

第一行“LOAD DATA”这里是要告诉 SQLLDR 本次的操作是直接加载数据。

第二行“INFILE *”这里是告诉 SQLLDR 本次操作要加载的数据包含在控制文件内，可以从第 7 行到第 10 行中看到实际加载的数据。

第三行“INSERT INTO TABLE demo1”这里是告诉 SQLLDR 把数据加载到哪一张表内，本例中是将数据加载到 demo1 表内。

第四行“FIELDS TERMINATED BY','”这里是告诉 SQLLDR 在加载的数据里使用逗号进行列分隔。

第五行“（DEPTNO，DNAME，LOC）”这里是告诉 SQLLDR 所要加载的表中的列名，以及加载列的次序。

第六行“BEGINDATA”这里是告诉 SQLLDR 已经完成对加载数据的各项描述，开始加载后面的数据到表内。

3. 在完成控制文件的配置后，进入到终端，执行 SQLLDR 命令进行数据加载，本例中的表存放在“scott”用户下，所以在 userid 里输入该用户名及密码，具体命令如下：

```
sqlldr userid=scott/tiger control=demo1.ctl
```

执行完成后如图 2—12 所示。

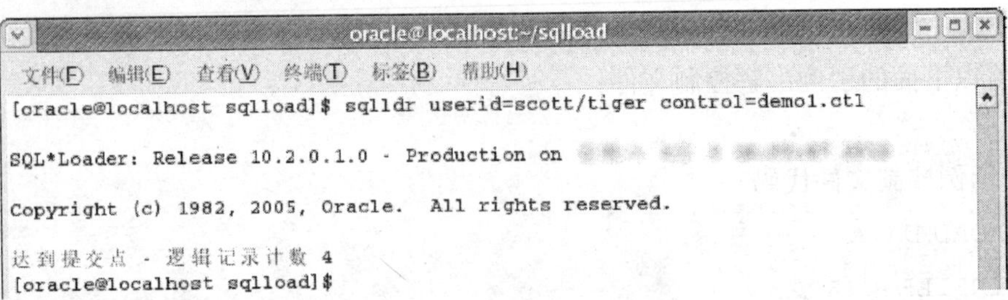

图 2—12 正常执行 SQL * Loader

4. 以本例来说，在 demo1 表存在数据的情况下执行上面的 SQLLDR 命令时，SQLLDR 会抛出一个异常信息，如图 2—13 所示。

图 2—13 异常信息

这是由于在控制文件中第三行的参数为 INSERT，由于要执行 INSERT 操作时 SQLLDR 只能为空表加载数据，所以当需要为已经有数据的表进行 SQLLDR 数据加载时可以使用 APPEND、TRUNCATE 或 REPLACE 参数，使用 APPEND 是直接在加载的表内增加记录，使用 TRUNCATE 是对表进行一次 TRUNCATE 清空表内数据的操作后进行数据加载，而 REPLACE 是对表进行全表的 DELETE 语句后再进行数据加载的操作。

SQLLDR 的每一次数据加载操作完成后都会生成一个日志文件，下面是本例的加载日志文件内容：

```
SQL * Loader:Release 10.2.0.1.0 - Production on 星期五 12 月 21 12:12:21 2012

Copyright(c)1982,2005,Oracle.  All rights reserved.

控制文件:     demo1.ctl
```

```
数据文件:     demo1.ctl
  错误文件:   demo1.bad
  废弃文件:   未做指定

(可废弃所有记录)

要加载的数:ALL
要跳过的数:0
允许的错误:50
绑定数组:64 行,最大 256000 字节
继续:     未做指定
所用路径:      常规

表 DEMO1,已加载从每个逻辑记录
插入选项对此表 INSERT 生效

  列名                          位置    长度  中止包装数据类型
------------------------------------------------------------
DEPTNO                         FIRST     *     ,     CHARACTER
DNAME                           NEXT     *     ,     CHARACTER
LOC                             NEXT     *     ,     CHARACTER


表 DEMO1:
  4 行加载成功。
  由于数据错误,0 行没有加载。
  由于所有 WHEN 子句失败,0 行没有加载。
  由于所有字段都为空的,0 行没有加载。

为绑定数组分配的空间:               49536 字节(64 行)
```

```
读取   缓冲区字节数:1048576

跳过的逻辑记录总数:          0
读取的逻辑记录总数:          4
拒绝的逻辑记录总数:          0
废弃的逻辑记录总数:          0

从 星期五 12 月   21 12:12:21 2012 开始运行
在 星期五 12 月   21 12:12:21 2012 处运行结束

经过时间为:00:00:00.53
CPU 时间为:00:00:00.07
```

学习单元 3 数据库索引

学习目标

- 了解数据库索引的各个种类
- 掌握数据库索引的创建方法
- 掌握数据库索引应用的注意点

知识要求

一、索引概述

索引是应用设计与开发的一个重要环节，索引的多与少都会影响 DML 语句的性能，索引过多会增加数据对于索引的维护成本，索引太少将会影响查询语句的性能，所以要在一张表里建立合理数量的索引，并能使各类查询都能以最优化的性能执行，这就是 DBA 的重要职责之一。索引的原理是对表中的某些列进行排序，在对这些列进行查找数据的时候，就不需要进行全表的查询，可在排序的列中进行快速搜索，例如二分法等。

二、索引种类

Oracle 提供了多种不同类型的索引，包括如下索引：

1. B * 树索引

B * 树索引即传统索引，是目前为止 Oracle 和大多数其他数据库中最常用的索引。B * 树的构造类似于二叉树，能根据键提供一行或一个行集的快速访问，通常只需很少的读操作就能找到正确的行。

2. 位图索引（bitmap index）

位图索引是指一个索引条目能一个位图同时指向多行记录的索引。位图索引适用于表中的数据只有很少的几个不同值，并且表中的数据基本上不发生变化的数据。对于一个联机事务处理系统的数据库来说，由于存在并发性等相关问题，通常情况下是不会考虑使用位图索引的。

3. 基于函数的索引（function – based index）

B * 树索引或位图索引是将一个函数计算得到的结果存储在行的列中，而不是存储列数据本身。可以把基于函数的索引看做一个虚拟列（或派生列）上的索引，换句话说，这个列并不物理存储在表中。

4. 索引组织表（index organized table）

索引组织表以 B * 树结构对数据进行存储。表中的数据行是以一种有组织的方式存储的，数据主要按主键的顺序存储和排序。

5. B * 树聚簇索引（B * tree cluster index）

B * 树聚簇索引是传统 B * 树索引的一个变体。B * 树聚簇索引用于对聚簇键建立索引，在传统 B * 树中，键都指向一行；而 B * 树聚簇不同，一个聚簇键会指向一个块，其中包含与这个聚簇键相关的多行。

6. 降序索引（descending index）

降序索引允许数据在索引结构中按“从大到小”的顺序（降序）排序，而不是按“从小到大”的顺序（升序）排序。

7. 反向键索引（reverse key index）

反向键索引也是 B * 树索引的一种，只是索引键中的字节会“反转”。利用反向键索引，如果索引中填充的是递增的值，索引条目在索引中可以得到更均匀地分布。反向键索引是将原来 B * 树存储数据的字节反转，这样原来可能在索引中相邻位置的值在字节反转之后就会相距很远。通过反转字节，对索引的插入就会分布到多个块上。反向键索引的目的是降低对数据块读取时产生的热点块竞争问题。

技能要求

一、索引的创建

之前已经讲解了 Oracle 的多种索引，常用的索引有非唯一索引、唯一索引、位图索引、反向索引以及函数索引这五种，当建立一个索引时，必须指定用于跟踪的表名以及一个或多个表列等信息，下面罗列了各种索引的创建语法。

1. 非唯一索引语法

```
create index
index_name on table_name(columns[,…])
tablespace tablespace_name;
```

2. 唯一索引语法

```
create unique index
index_name on table_name(columns[,…])
tablespace tablespace_name;
```

3. 位图索引语法

```
create bitmap index
index_name on table_name(columns[,…])
tablespace tablespace_name;
```

4. 反向索引语法

```
create unique index
index_name on table_name(columns[,…])
tablespace tablespace_name
reverse;
```

5. 函数索引语法

```
create index
index_name on table_name(function_name(columns)[,…])
tablespace tablespace_name;
```

二、索引应用的注意点

从上面已经了解到给表创建索引可以提高对表的查询效率，但是数据库管理员还需要注意到，索引的使用对于系统来说有一定的开销，并不是给所有的表都创建上索引，或者给表内的所有列都创建索引就可以提高数据库的性能。

作为数据库管理员，需要了解在什么情况下建立什么样的索引，在创建或设计索引的时候要注意哪些方面，以下讲解使用索引需要注意的几个方面：

1. 对表进行数据查询时尽量避免全表扫描，尽量使绝大多数 SQL 操作都通过索引访问数据。

2. 在数据量很大并且经常变动的表上索引不宜过多，过多的索引会导致插入、更新和删除操作变慢，产生大量的输入与输出（I/O），如果一张表上的索引超过 8 个，就需要检查是否这些索引都是必要的。

3. 对于数据量非常小的表不建议创建索引，在进行查询时通过索引访问速度可能会更慢，在内存充足的情况下可以把这些表放入 KEEP 池内，这样做效率会更高。

4. 对于数据量比较大的单表，使用索引分区会提高对表的查询效率。

5. 位图索引对于列表类值的效果较好，但是位图索引不适合变化十分频繁的表。

6. 在表中的列频繁使用函数进行查询的情况下，可以创建函数索引，这样可以避免大量不必要的全表扫描。

7. 在对表内的索引键的访问过于频繁，从而引发了热点块时，可以通过使用反向索引来消除索引引发的热点块问题。

8. 随着数据的变化，索引的效率会下降，因此，定期重建索引对于数据库性能提升有很大帮助。

第 3 节　数据库运行监控

学习单元 1　操作系统资源监控

学习目标

- 掌握 CPU 运行情况监控方法
- 掌握内存使用情况监控方法

➢ 掌握硬盘使用情况监控

技能要求

本节讲解如何通过使用 Linux 操作系统自带的命令了解操作系统的各项资源使用情况。

一、监控 CPU 运行情况

在 Linux 操作系统下，可能通过 top 命令对系统进行监控，top 是一个动态显示操作系统运行情况的工具，当在前台执行该命令后，它将独占前台，直到用户终止该程序为止。比较准确地说，top 命令提供了实时的对系统处理器的状态监视，它将显示系统中与 CPU 相关的程序使用情况并以任务列表的形式进行展现。该命令可以按 CPU 使用情况、内存使用情况和执行时间对任务进行排序，而且该命令的很多特性都可以通过交互式命令或者在个人定制文件中进行设定。

top 命令的语法格式：

```
top -hv|-bcisS -d delay -n iterations -p pid[,pid...]
```

详细参数：

-b：批次模式运行。

-c：显示执行任务的命令行。

-d：设定延迟时间。

-h：帮助。

-H：显示线程。将显示所有进程产生的线程。

-i：显示空闲的进程。

-n：执行次数，一般与 -b 搭配使用。

-u：监控指定用户相关进程。

-U：监控指定用户相关进程。

-p：监控指定的进程。

-s：安全模式操作。

-S：累计时间模式。

-v：显示 top 版本，然后退出。

-M：自动显示内存单位（k/M/G）。

top 命令作为日常管理工作中最常用也是最重要的 Linux 系统监控命令之一，可以动态观察系统进程状况。top 命令显示的项目很多，默认值是每 5 s 更新一次，按 q 键可以退出。在终端执行 top 命令后显示如图 2—14 所示内容。

```
oracle@localhost:~
文件(F)  编辑(E)  查看(V)  终端(T)  标签(B)  帮助(H)
top - 21:27:47 up 43 min,  4 users,  load average: 0.09, 0.23, 0.18
Tasks: 102 total,   1 running, 100 sleeping,   0 stopped,   1 zombie
Cpu(s):  5.3% us,  2.5% sy,  0.0% ni, 92.2% id,  0.0% wa,  0.0% hi,  0.0% si
Mem:   1034604k total,   334152k used,   700452k free,    23800k buffers
Swap:  1572856k total,        0k used,  1572856k free,   182380k cached

  PID USER      PR  NI  VIRT  RES  SHR S %CPU %MEM    TIME+  COMMAND
 5148 root      15   0 53180  14m 5400 S  5.3  1.5   2:50.31 X
 5879 oracle    16   0  3024  968  764 R  0.7  0.1   0:06.30 top
 5756 root      25  10 30504  16m 9.9m S  0.3  1.6   0:22.09 rhn-applet-gui
 5833 root      15   0 50964  15m 9632 S  0.3  1.5   0:12.51 gnome-terminal
 6074 root      17   0  1988  964  760 S  0.3  0.1   0:00.86 top
    1 root      16   0  2292  552  472 S  0.0  0.1   0:00.90 init
    2 root      RT   0     0    0    0 S  0.0  0.0   0:00.00 migration/0
    3 root      34  19     0    0    0 S  0.0  0.0   0:00.00 ksoftirqd/0
    4 root       5 -10     0    0    0 S  0.0  0.0   0:00.03 events/0
    5 root       6 -10     0    0    0 S  0.0  0.0   0:00.01 khelper
    6 root      15 -10     0    0    0 S  0.0  0.0   0:00.00 kacpid
   88 root       5 -10     0    0    0 S  0.0  0.0   0:00.02 kblockd/0
  106 root      20   0     0    0    0 S  0.0  0.0   0:00.00 pdflush
  107 root      15   0     0    0    0 S  0.0  0.0   0:00.17 pdflush
  109 root       6 -10     0    0    0 S  0.0  0.0   0:00.00 aio/0
   89 root      15   0     0    0    0 S  0.0  0.0   0:00.12 khubd
  108 root      25   0     0    0    0 S  0.0  0.0   0:00.00 kswapd0
  255 root      25   0     0    0    0 S  0.0  0.0   0:00.00 kseriod
  375 root      25   0     0    0    0 S  0.0  0.0   0:00.00 scsi_eh_0
```

图 2—14　top 命令

下面将由上至下地讲解 top 命令的各行所代表的含义：

第一行的项目依次为 top（没有任何含义）、当前系统时间、系统启动了多长时间、当前系统登录用户数量、平均负载值（从左到右分别是最近 1 s、5 s、15 s 的负载值）。

第二行为进程情况，依次为进程总数、运行进程数、休眠进程数、终止进程数、无用进程数。

第三行为 CPU 状态，依次为用户占用百分比、系统占用百分比、优先进程占用百分比、闲置进程占用百分比，包括 us 用户空间占用 CPU 百分比、sy 内核空间占用 CPU 百分比、ni 用户进程空间内改变过优先级的进程占用 CPU 百分比（中断处理占用）、id 空闲 CPU 百分比、wa 等待输入输出的 CPU 时间百分比、hi 硬件中断百分比、si 软件中断百分比。

第四行为内存状态，依次为可用内存、已用内存、空闲内存、缓存使用内存。

第五行为交换状态，依次为可用交换容量、已用容量、闲置容量、高速缓存容量。

接下来下面就是进程信息区域，该区域显示了系统各个正在运行的进程的详细信息，具体各列含义请参考表 2—6。

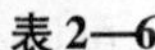

表 2—6　　信息含义表

列名	含义
PID	进程 id
USER	进程所有者的用户名
PR	优先级
NI	负值表示高优先级，正值表示低优先级
VRT	虚拟内存
RES	进程使用的、未被换出的物理内存大小，单位 KB。
SHR	共享内存大小，单位 KB
S	进程状态
%CPU	上次更新到现在的 CPU 时间占用百分比
%MEM	进程使用的物理内存百分比
TIME +	进程使用的 CPU 时间总计，单位为 1/100 s
COMMAND	命令名/命令行

二、监控内存使用情况

在 Linux 操作系统下除了通过 top 命令进行内存查看外，还可以通过 free 命令了解内存的使用情况。

free 命令的语法格式：

```
free[-b|-k|-m|-g][-l][-o][-t][-s delay][-c count][-V]
```

详细参数：

-b，-k，-m，-g：分别以字节（bytes，KB，MB 或 GB）为单位显示内存使用情况。

-l：显示低端内存和高端内存使用情况。

-o：不显示缓冲区调节列。

-t：显示内存总和列。

-s：显示每隔多少秒来显示一次内存使用情况。

-c：刷新指定次数。

-V：显示版本信息。

free 命令也是 Linux 操作系统日常使用的命令之一，在终端执行 free 命令后显示如图 2—15 所示。

```
[oracle@localhost ~]$ free
             total       used       free     shared    buffers     cached
Mem:       1034604     326792     707812          0      20308     181452
-/+ buffers/cache:     125032     909572
Swap:      1572856          0    1572856
```

图 2—15　free 命令执行情况

命令显示区域各列具体含义详见表 2—7。

表 2—7　　命令显示区域各列具体含义

列名	含义
total	各种内存总量
used	已经使用的内存容量
free	空闲内存容量
shared	共享内存
buffers	系统分配但未被使用的 buffers 数量
cached	系统分配但未被使用的 cache 数量

命令显示区域各行具体含义详见表 2—8。

表 2—8　　显示区域各行具体含义

行名	含义
Mem	表示物理内存统计
-/+buffers/cache	表示物理内存的缓存统计
Swap	硬盘上交换分区的使用情况

三、监控硬盘使用情况

在 Linux 下通过 df 命令对硬盘的使用情况做出全面的了解。

df 命令的语法格式：

```
df[OPTION]...[FILE]...
```

详细参数：

-a，--all：包括大小为 0 个块的文件系统。

－B，－－block－size＝大小：块以指定<大小>的字节为单位。

－h，－－human－readable：以容易理解的格式印出文件系统大小（例如，1 K、234 M、2 G）。

－H，－－si：类似－h，但取1 000的次方而不是1 024。

－i，－－inodes：显示inode信息而非块使用量。

－k：即－－block－size＝1 K。

－l，－－local：只显示本机的文件系统。

－－no－sync：取得使用量数据前不进行sync动作（默认）。

－P，－－portability：使用POSIX输出格式。

－－sync：取得使用量数据前先进行sync动作。

－t，－－type＝类型：只印出指定<类型>的文件系统信息。

－T，－－print－type：印出文件系统类型。

－x，－－exclude－type＝类型：只印出不是指定<类型>的文件系统信息。

－v：（此选项不做处理）。

－－help：显示此帮助信息并离开。

－－version：显示版本信息并离开。

df命令也是Linux操作系统日常使用的命令之一，在终端执行df命令后显示如图2—16所示。

```
[oracle@localhost ~]$ df
Filesystem           1K-blocks      Used Available Use% Mounted on
/dev/mapper/VolSystem-LogRoot
                       7579576    471856   6722696   7% /
/dev/sda1               101086     16052     79815  17% /boot
none                    517300         0    517300   0% /dev/shm
```

图2—16　df命令

df命令显示区域各列具体含义详见表2—9。

表2—9　**df命令显示区域各列具体含义**

列名	含义
Filesystem	文件系统
1K－blocks	以1 KB的块为单位显示各文件系统的总容量
Used	已经使用的文件系统容量
Available	可用文件系统容量
Use%	已经使用百分比
Mounted on	该文件系统挂载位置

学习单元 2　动态性能视图监控数据库

学习目标

- 了解动态性能视图的概念
- 了解常用的动态性能视图
- 掌握进程运行情况监控方法
- 掌握表空间使用情况监控方法

知识要求

一、动态性能视图的概念

动态性能视图是用于记录当前例程的活动情况的 Oracle 系统视图。这些视图是自实例启动时自动建立的动态性能视图，当实例停止时该动态性能视图会自动停止。通常所说的数据字典信息是从数据配置文件中获得，而动态性能视图信息是从 SGA 和控制文件中取得。通过查询动态性能视图，为数据库管理员提供了数据库的运行性能数据，还提供了磁盘和内存结构的相关信息。

Oracle 的所有动态视图都是以 V_$开始的，Oracle 为每个动态性能视图提供了相应的同义词，例如，V_$datafile 的同义词为 v$datafile，V_$SGA 的同义词是 v$sga。Oracle 还提供了用于查询所有动态性能视图的视图，该视图是 V$FIXED_TABLE，通过查询该视图可以获取当前实例中的所有动态性能视图。

二、常用的动态性能视图

表 2—10 罗列了常用的一些动态性能视图及用途。

表 2—10　　常用动态性能视图

动态视图名	视图说明
V$DATAFILE	数据库使用的数据文件信息
V$FIXED_ TABLE	列出所有可用的动态性能视图和动态性能表
V$INSTANCE	当前例程的详细信息

续表

动态视图名	视图说明
V$SGA	SGA 主要组成部分及信息
V$SGAINFO	取得 SGA 的更详细信息
V$VERSION	获取 Oracle 版本的详细信息
V$DATABASE	取得当前数据库的详细信息
V$CONTROLFILE	取得当前数据库所有控制文件的信息
V$LOCKED_ OBJECT	显示被加锁的数据库对象
V$TABLESPACE	显示表空间信息
V$TEMPFILE	显示数据库所包含的临时文件
V$LIBRARYCACHE	共享池中 SQL 语句的管理信息
V$LOCK	访问数据库会话中有对象锁的进程信息
V$LOG	从控制文件中提取有关重做日志组的信息
V$LOGFILE	有关实例重置日志组文件名及其位置的信息
V$PARAMETER	初始化参数文件中所有项的值
V$PROCESS	当前进程的信息
V$ROLLNAME	回滚段信息
V$ROLLSTAT	联机回滚段统计信息
V$SESSION	有关会话的信息
V$SESSTAT	在 v$session 中报告当前会话的统计信息
V$STATNAME	在 v$sesstat 中报告各个统计的含义
V$SQL	共享 SQL 区中的 SQL 统计信息，视图中的信息未经分组
V$SQLAREA	共享 SQL 区中的 SQL 统计信息
V$SQLTEXT	获得相关 session 正在执行的完整 SQL 语句
V$SYSSTAT	基于当前操作会话进行的系统统计

技能要求

一、监控进程运行情况

监控进程是数据库管理员日常查找或处理进程问题的一个重要手段，通常会使用到 v$session、v$process、v$sesstat 和 v$sqltext 这四张动态性能视图，下面将以这四张视图举例说明。

【例 2—1】 在业务高峰时期，数据库的 CPU 使用率一直处于一个较高的位置时，可以通过下面的 SQL 语句查看哪些进程使用了较多的 CPU 资源，为后续处理找到问题来源。

```
select a.sid,spid,
       status,
       substr(a.program,1,40)prog,
       a.terminal,
       osuser,
       value/60/100 value
  from v$session a,
       v$process b,
       v$sesstat c
where c.statistic#=12
  and c.sid=a.sid
  and a.paddr=b.addr
order by value desc;
```

脚本说明：

- 在 where 条件里“c. statistic# = 12”是指获取使用 CPU 的进程代码，具体代码含义请查看 V$STATNAME 视图。
- 查询的结果集里 value 列的值越大，说明该进程占用的资源越多。V$STATNAME 视图的 STATISTIC#列内容可参考表 2—11。

表 2—11　　　　V$STATNAME 视图 STATISTIC#列

STATISTIC#	NAME
0	logons cumulative
1	logons current
2	opened cursors cumulative
3	opened cursors current
4	user commits
5	user rollbacks
6	user calls

续表

STATISTIC#	NAME
7	recursive calls
8	recursive cpu usage
9	session logical reads
10	session stored procedure space
11	CPU used when call started
12	CPU used by this session
13	DB time
14	cluster wait time
15	concurrency wait time
16	application wait time
17	user I/O wait time
18	session connect time
19	process last non – idle time
20	session uga memory
21	session uga memory max
22	messages sent
23	messages received
24	background timeouts
25	session pga memory
26	session pga memory max
27	enqueue timeouts
28	enqueue waits
29	enqueue deadlocks
30	enqueue requests
31	enqueue conversions
32	enqueue releases
33	global enqueue gets sync
34	global enqueue gets async
35	global enqueue get time

续表

STATISTIC#	NAME
36	global enqueue releases
37	physical read total IO requests
38	physical read total multi block requests
39	physical read total bytes
40	physical write total IO requests
41	physical write total multi block requests
42	physical write total bytes
43	IPC CPU used by this session
44	gcs messages sent
45	ges messages sent
46	global enqueue CPU used by this session
47	db block gets
48	db block gets from cache
49	db block gets direct
50	consistent gets
51	consistent gets from cache
52	consistent gets – examination
53	consistent gets direct
54	physical reads
55	physical reads cache
56	physical reads direct
57	physical read IO requests
58	physical read bytes
59	db block changes
60	consistent changes
61	recovery blocks read
62	physical writes
63	physical writes direct
64	physical writes from cache

续表

STATISTIC#	NAME
65	physical write IO requests
66	physical write bytes
67	physical writes non checkpoint
68	summed dirty queue length
69	DBWR checkpoint buffers written
70	DBWR thread checkpoint buffers written
71	DBWR tablespace checkpoint buffers written
72	DBWR parallel query checkpoint buffers written
73	DBWR object drop buffers written
74	DBWR transaction table writes
75	DBWR undo block writes
76	DBWR revisited being – written buffer
77	DBWR make free requests
78	DBWR lru scans
79	DBWR checkpoints
80	DBWR fusion writes
81	prefetch clients – keep
82	prefetch clients – recycle
83	prefetch clients – default
84	prefetch clients – 2 K
85	prefetch clients – 4 K
86	prefetch clients – 8 K
87	prefetch clients – 16 K
88	prefetch clients – 32 K
89	change write time
90	redo synch writes
91	redo synch time
92	exchange deadlocks
93	free buffer requested

续表

STATISTIC#	NAME
94	dirty buffers inspected
95	pinned buffers inspected
96	hot buffers moved to head of LRU
97	free buffer inspected
98	commit cleanout failures：write disabled
99	commit cleanout failures：block lost
100	commit cleanout failures：cannot pin
101	commit cleanout failures：hot backup in progress
102	commit cleanout failures：buffer being written
103	commit cleanout failures：callback failure
104	commit cleanouts
105	commit cleanouts successfully completed
106	recovery array reads
107	recovery array read time
108	CR blocks created
109	current blocks converted for CR
110	switch current to new buffer
111	write clones created in foreground
112	write clones created in background
113	write clones created for recovery
114	physical reads cache prefetch
115	physical reads prefetch warmup
116	prefetched blocks aged out before use
117	prefetch warmup blocks aged out before use
118	prefetch warmup blocks flushed out before use
119	physical reads retry corrupt
120	physical reads direct（lob）
121	physical reads direct temporary tablespace
122	physical writes direct（lob）

续表

STATISTIC#	NAME
123	physical writes direct temporary tablespace
124	cold recycle reads
125	shared hash latch upgrades – no wait
126	shared hash latch upgrades – wait
127	physical reads for flashback new
128	calls to kcmgcs
129	calls to kcmgrs
130	calls to kcmgas
131	calls to get snapshot scn：kcmgss
132	redo blocks read for recovery
133	redo entries
134	redo size
135	redo buffer allocation retries
136	redo wastage
137	redo writer latching time
138	redo writes
139	redo blocks written
140	redo write time
141	redo log space requests
142	redo log space wait time
143	redo log switch interrupts
144	redo ordering marks
145	redo subscn max counts
146	gc cr blocks served
147	gc cr block build time
148	gc cr block flush time
149	gc cr block send time
150	gc current blocks served
151	gc current block pin time

续表

STATISTIC#	NAME
152	gc current block flush time
153	gc current block send time
154	gc cr blocks received
155	gc cr block receive time
156	gc current blocks received
157	gc current block receive time
158	gc blocks lost
159	gc claim blocks lost
160	gc blocks corrupt
161	gc CPU used by this session
162	total number of slots
163	instance recovery database freeze count
164	background checkpoints started
165	background checkpoints completed
166	number of map operations
167	number of map misses
168	flashback log writes
169	serializable aborts
170	transaction lock foreground requests
171	transaction lock foreground wait time
172	transaction lock background gets
173	transaction lock background get time
174	undo change vector size
175	transaction tables consistent reads – undo records applied
176	transaction tables consistent read rollbacks
177	data blocks consistent reads – undo records applied
178	no work – consistent read gets
179	cleanouts only – consistent read gets
180	rollbacks only – consistent read gets

续表

STATISTIC#	NAME
181	cleanouts and rollbacks – consistent read gets
182	RowCR attempts
183	RowCR hits
184	RowCR – row contention
185	RowCR – resume
186	rollback changes – undo records applied
187	transaction rollbacks
188	immediate（CURRENT）block cleanout applications
189	immediate（CR）block cleanout applications
190	deferred（CURRENT）block cleanout applications
191	commit txn count during cleanout
192	active txn count during cleanout
193	cleanout – number of ktugct calls
194	immediate CR cleanouts（index blocks）
195	deferred CUR cleanouts（index blocks）
196	Commit SCN cached
197	Cached Commit SCN referenced
198	auto extends on undo tablespace
199	drop segment calls in space pressure
200	total number of undo segments dropped
201	doubling up with imu segment
202	tune down retentions in space pressure
203	steps of tune down ret. in space pressure
204	space was found by tune down
205	space was not found by tune down
206	commit batch/immediate requested
207	commit batch requested
208	commit immediate requested
209	commit batch/immediate performed

续表

STATISTIC#	NAME
210	commit batch performed
211	commit immediate performed
212	commit wait/nowait requested
213	commit nowait requested
214	commit wait requested
215	commit wait/nowait performed
216	commit nowait performed
217	commit wait performed
218	global undo segment hints helped
219	global undo segment hints were stale
220	local undo segment hints helped
221	local undo segment hints were stale
222	undo segment header was pinned
223	total number of times SMON posted
224	SMON posted for undo segment recovery
225	SMON posted for txn recovery for other instances
226	SMON posted for instance recovery
227	SMON posted for undo segment shrink
228	SMON posted for dropping temp segment
229	SMON posted for supplemental logging cleanup
230	IMU commits
231	IMU Flushes
232	IMU contention
233	IMU recursive – transaction flush
234	IMU undo retention flush
235	IMU ktichg flush
236	IMU bind flushes
237	IMU mbu flush
238	IMU pool not allocated

续表

STATISTIC#	NAME
239	IMU CR rollbacks
240	IMU undo allocation size
241	IMU Redo allocation size
242	IMU – failed to get a private strand
243	Misses for writing mapping
244	table scans (short tables)
245	table scans (long tables)
246	table scans (rowid ranges)
247	table scans (cache partitions)
248	table scans (direct read)
249	table scan rows gotten
250	table scan blocks gotten
251	table fetch by rowid
252	table fetch continued row
253	cluster key scans
254	cluster key scan block gets
255	rows fetched via callback
256	queue update without cp update
257	leaf node splits
258	leaf node 90 – 10 splits
259	branch node splits
260	native hash arithmetic execute
261	native hash arithmetic fail
262	lob reads
263	lob writes
264	lob writes unaligned
265	index fast full scans (full)
266	index fast full scans (rowid ranges)
267	index fast full scans (direct read)

续表

STATISTIC#	NAME
268	index fetch by key
269	index scans kdiixs1
270	queue splits
271	queue flush
272	queue position update
273	queue single row
274	queue ocp pages
275	queue qno pages
276	heap block compress
277	sql area purged
278	sql area aged
279	session cursor cache hits
280	session cursor cache count
281	java call heap total size
282	java call heap total size max
283	java call heap used size
284	java call heap used size max
285	java call heap live size
286	java call heap live size max
287	java call heap object count
288	java call heap object count max
289	java call heap live object count
290	java call heap live object count max
291	java call heap gc count
292	java call heap collected count
293	java call heap collected bytes
294	java session heap used size
295	java session heap used size max
296	java session heap live size

续表

STATISTIC#	NAME
297	java session heap live size max
298	java session heap object count
299	java session heap object count max
300	java session heap live object count
301	java session heap live object count max
302	java session heap gc count
303	java session heap collected count
304	java session heap collected bytes
305	cursor authentications
306	queries parallelized
307	DML statements parallelized
308	DDL statements parallelized
309	DFO trees parallelized
310	Parallel operations not downgraded
311	Parallel operations downgraded to serial
312	Parallel operations downgraded 75 to 99 pct
313	Parallel operations downgraded 50 to 75 pct
314	Parallel operations downgraded 25 to 50 pct
315	Parallel operations downgraded 1 to 25 pct
316	PX local messages sent
317	PX local messages recv'd
318	PX remote messages sent
319	PX remote messages recv'd
320	buffer is pinned count
321	buffer is not pinned count
322	no buffer to keep pinned count
323	table lookup prefetch client count
324	workarea memory allocated
325	workarea executions – optimal

续表

STATISTIC#	NAME
326	workarea executions – onepass
327	workarea executions – multipass
328	parse time cpu
329	parse time elapsed
330	parse count (total)
331	parse count (hard)
332	parse count (failures)
333	frame signature mismatch
334	execute count
335	bytes sent via SQL * Net to client
336	bytes received via SQL * Net from client
337	SQL * Net roundtrips to/from client
338	bytes sent via SQL * Net to dblink
339	bytes received via SQL * Net from dblink
340	SQL * Net roundtrips to/from dblink
341	sorts (memory)
342	sorts (disk)
343	sorts (rows)
344	OTC commit optimization attempts
345	OTC commit optimization hits
346	OTC commit optimization failure – setup
347	OS User time used
348	OS System time used
349	OS Maximum resident set size
350	OS Integral shared text size
351	OS Integral unshared data size
352	OS Integral unshared stack size
353	OS Page reclaims
354	OS Page faults

续表

STATISTIC#	NAME
355	OS Swaps
356	OS Block input operations
357	OS Block output operations
358	OS Socket messages sent
359	OS Socket messages received
360	OS Signals received
361	OS Voluntary context switches
362	OS Involuntary context switches

【例 2—2】 从上面的例 2—1 中知道了哪些进程正在使用较多的 CPU 资源后，作为数据库管理员当然是想知道该进程正在执行哪些 SQL 语句，可以通过下面的 SQL 语句从动态性能视图中获取信息，例如，获取指定进程正在执行的命令，脚本内容如下：

```
SELECT osuser,
       username,
       sql_text
  from v$session a,
     v$sqltext b
  where a.sql_address = b.address
    and a.sid = &SID
  order by address, piece;
```

脚本说明：

- 在 where 条件里“a. sid = &SID”，这里把“&SID”替换成实际要查询的进程号。

二、监控表空间使用情况

表空间一直以来都是数据库管理员的重点监控对象之一，下面介绍如何通过 SQL 使用动态性能视图进行表空间的监控。

【例 2—3】 在数据库使用一段时间后，发现数据库的读写操作速度下降时，可以检查表空间是否存在 I/O 读写瓶颈。通过获取一段时间的活动 I/O 统计信息，比对从开始到

结束时间段内的物理读（phyrds）与物理写（phywrts）的次数进行分析。下面为用于查询的 SQL 语句。

```
select a.file#,
       a.name,
       a.status,
       a.bytes,
       b.phyrds,
       b.phywrts
  from v$datafile a,
       v$filestat b
 where a.file# = b.file#;
```

第3章

PL/SQL 应用

第 1 节　PL/SQL 语句基础

学习单元 1　PL/SQL 功能与特征

学习目标

➢ 了解 PL/SQL 的含义

➢ 了解 PL/SQL 的优点

➢ 了解 PL/SQL 的结构和基本规范

➢ 了解各变量类型

知识要求

一、PL/SQL 的含义

Oracle 是一种关系型数据库，而 PL/SQL（Procedure Language & Structured Query Language）是过程化的 SQL 语言，是 Oracle 数据库对 SQL 语句的扩展。PL/SQL 是在普通 SQL 语句的使用上增加了编程语言的特点，所以 PL/SQL 就是把数据操作和查询的 SQL 语句组织在 PL/SQL 过程代码中，通过逻辑判断、循环等操作实现复杂的功能或者计算的程序语言。

SQL 语言支持 ANSI 标准，而 PL/SQL 是结合了 SQL 语言的面向过程化的语言，是将 SQL 扩充到能在面向过程语言中使用的程序结构，PL/SQL 包含了以下内容：

- 变量和类型
- 控制语句
- 过程和函数
- 对象类型和方法

从以上四点来看，Oracle 的 PL/SQL 语言实现了将 SQL 结构化、过程化对数据无缝集成的处理能力，从而为用户提供了一种功能强大的结构化语言。

二、PL/SQL 的优点

1. 模块化应用程序

若需要在一段程序代码中实现一种或多种数据查询或处理的功能，如果使用标准的 SQL 语句完成这些功能，可能需要执行多条 SQL 语句，但是如果使用 PL/SQL 块的话，就可以把这些操作都放到 PL/SQL 块内，然后对外提供一种调用方式和需要传入的参数即可。这对开发人员来说是一个很有用的功能，当代码编写完成后，其他人不需要再次编写同样的代码处理相同的事务，只需要调用已有的 PL/SQL 块即可，这种操作优势主要体现在存储过程和函数上。

2. 提高运行性能

当执行标准的 SQL 语句时，系统只能一次一条地将 SQL 语句发送至服务器，在实际开发中，完成一个业务逻辑往往需要几条甚至几十条 SQL 语句，这就会造成客户端几十次地连接数据库服务器，而连接数据库本身就是一个很耗费资源的过程，当这个业务完成时，在网络连接上会浪费大量的资源。

PL/SQL 语句块可以包含多条 SQL 语句，而语句块可以嵌入到程序中，甚至可以存储到 Oracle 服务器上，用户只需要连接数据库一次就可以把所需要的参数传递过去，其他部分将在 Oracle 服务器内部执行完成，再返回最终的结果。这样就大大节省了网络资源的开销。

3. 利用逻辑控制语句控制程序结构

既然 PL/SQL 是一种编程语言，那么它就可以完成一定的业务逻辑处理。要完成这种处理，就需要该编程语言有逻辑控制语句，实际上 PL/SQL 可以利用条件语句或循环语句来控制程序流程，这样就大大增加了 PL/SQL 的实用性，可以利用逻辑控制语句完成标准的 SQL 语句完成不了的复杂业务。

4. 可移植性强

PL/SQL 可以成功运行在不同的服务器中，例如，从 Windows 数据库服务器移植到 Linux 数据库服务器；也可以把 PL/SQL 从一个版本的 Oracle 移植到其他版本的 Oracle 中。

5. 可以更好地处理逻辑错误信息

标准的 SQL 在遇到错误时会提示异常，例如增加数据，一旦有异常就会终止，但是调用者却很难快速地发现错误点在哪里，即使发现出问题的地方也只能告诉开发人员该语句程序本身有问题，而不是逻辑上有问题。利用 PL/SQL 可以处理一些程序上的异常，而不至于因终止 SQL 操作而造成调用 SQL 的展示页面出现生硬的错误提示。

三、PL/SQL 结构

从上面已经了解到 PL/SQL 是一种功能强大的结构化语言，而 PL/SQL 块是 PL/SQL 语言里的基本单位，PL/SQL 块会很明确地分成 3 部分：声明部分、执行体部分和异常处理部分。

下面是 PL/SQL 块的语法：

```
[DECLARE] /*声明标志*/
/*声明部分*/
BEGIN /*执行标志*/
/*执行部分*/
[EXCEPTION] /*异常标志*/
/*异常处理部分*/
END; /*结束标志*/
```

这里对块进行说明：

声明标志：当块内有对象需要声明时必须使用该标志，如果没有对象需要声明可以忽略本标志；

声明部分：是对块内使用到的变量、常量、类型等对象进行声明的部分；

执行标志：该标志用来声明块的执行部分，必须声明；

执行部分：该部分是整个 PL/SQL 块的主体部分，用于执行 SQL 语句或控制语句等；

异常标志：当块过程中需要捕获异常时必须声明，如果没有异常需要捕获可以忽略本标志；

异常处理部分：当出现异常时程序流程可以进入此处；

结束标志：该标志说明 PL/SQL 块到此结束。

四、PL/SQL 基本规范

对于 PL/SQL 语言，开发人员应该遵循一定的编程规范，严格按照规范编写脚本，这样能够写出高质量的程序，这样的程序也具有高可读性，不仅利于其他开发人员的理解，而且利于以后的修改。

1. PL/SQL 允许使用的字符集

（1）字母，包括大写字母和小写字母。

(2) 数字，即0~9。

(3) 空格、回车以及制表符。

(4) 符号包括 + - * / < > = ! ~^;:.'@%,"#$&_|()[]{}?。

2. 使用PL/SQL的要求

(1) 标识符中只允许有字母、数字、下画线，并且以字母开头。

(2) 标识符最多有30个字符。

(3) 标识符不区分大小写。所有的标识符在存储时都被修改成大写。

(4) 不能使用保留字，这在其他编程语言中同样适用。如果与保留字同名，必须使用双引号括起来。

(5) 语句使用分号结束。如果多条语句在同一行，但只要它们都正常结束，那么执行就不会出现错误。语句块的结束标志END后面需要有分号。

(6) 语句的关键词、标识符、字段名称以及表的名称等都需要使用空格分隔。

(7) 字符类型和日期类型的数据需要使用单引号括起来。

五、变量类型

在PL/SQL内通常是通过变量进行信息传递的，所谓的变量就是可以由程序读取或赋予值的存储单元，在通常情况下，变量在PL/SQL块的声明部分进行定义，每个变量都有一个与之关联的类型，变量的类型定义了变量可以存放何种类型的信息，变量常用类型可参考表3—1。

表3—1　　变量常用类型

类型	说明
VARCHAR2 (maximum_ length)	可变长的字符类型
CHAR (maximum_ length)	定长字符类型
NUMBER [(p, s)]	数值类型
BINARY_ INTEGER	有正负之分的整数类型
DATE	定长的日期类型
TIMESTAMP	定长的时间戳类型，精度到秒的小数位
ROWID	存放数据库行号类型

一般情况下，可以把PL/SQL的变量类型分为：数值类型、字符类型、国际化字符类型、大对象类型、日期时间类型等，下面对各种类型进行讲解。

1. 数值类型

数值类型用于处理数值型数据（例如，整型、实数型和浮点型），常用的有三种类型。

（1）BINARY_ INTEGER 类型。BINARY_ INTEGER 类型用来存储有符号的整型数值，它的存储范围是 -2^{31} 至 $+2^{31}$（-2 的 31 次方到 $+2$ 的 31 次方）。

（2）NUMBER 类型。NUMBER 类型用来存储整数或浮点数，它的存储范围是 -1.0e-130 至 1.0e+126。

（3）PLS_ INTEGER 类型。PLS_ INTEGER 类型用来存储有符号的整型数值，它和 BINARY_ INTEGER 类型一样，存储范围是 -2^{31} 至 $+2^{31}$（-2 的 31 次方到 $+2$ 的 31 次方）。PLS_ INTEGER 和 BINARY_ INTEGER 的唯一区别是在计算当中发生溢出时，BINARY_ INTEGER 型的变量会被自动指派给一个 NUMBER 型而不会出错，PLS_ INTEGER 型的变量将会发生错误。

2. 字符类型

（1）CHAR 类型。CHAR 类型用来存储固定长度的字符型数据类型，如果没有指定最大值，其默认值是 1 个字符，在 Oracle 里最大长度为 2 000 个字符。

（2）VARCHAR2 类型。VARCHAR2 类型用来存储变长的字符串，它的存储范围是 1 至 4 000 个字符。

（3）ROWID 类型。每一个数据库表的内部都有一个伪列，该伪列的列名为 ROWID，用来存储一个叫做 rowids 的二进制值，每一个 ROWID 都是一个行的内部存储地址。

3. 国际化字符类型

（1）NCHAR 类型。NCHAR 类型用来存储定长国际字符串数据类型，如果没有指定最大值，其默认值是 1 个国际字符，在 Oracle 里最大长度为 1 000 个国际字符。

（2）NVARCHAR2 类型。NVARCHAR2 类型用来存储变长的字符串，它的存储范围是 1 至 2 000 个国际字符。

4. 大对象类型

（1）BLOB 类型。BLOB 类型用来存储 Oracle 数据库内的大型二进制对象，每一个 BLOB 变量存储一个定位器，指向一个大型的二进制对象，该对象的尺寸不能超过 4 GB。

（2）CLOB 类型。CLOB 数据类型用来存储 Oracle 数据库中的大型字符型数据类型，该类型可以支持定长和变长的字符集，当然字符集的大小也不能超过 4 GB。

（3）NCLOB 类型。NCLOB 类型用来存储 Oracle 数据库中的大型国际化字符型数据类型，该类型可以支持定长和变长的字符集，当然字符集的大小也不能超过 4 GB。

5. 日期时间类型

（1）DATE 类型。在 Oracle 数据库里，DATE 类型用来存储时间格式的数据类型，该类型存储了年、月、日、时、分、秒，在日期表达式中会依据 NLS_ DATE_ FORMAT 参数进行显示，DATA 类型常用格式可参考表 3—2。

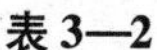

表 3—2 DATA 类型常用格式

格式	说明
D	一周中的星期几
DAY	天的名字，使用空格填充到 9 个字符
DD	一月中的第几天
DDD	一年中的第几天
DY	天的简写名
IW	ISO 标准的年中的第几周
IYYY	ISO 标准的四位年份
YYYY	四位年份
YYY，YY，Y	年份的最后三位，两位，一位
HH	小时，按 12 小时计
HH24	小时，按 24 小时计
MI	分
SS	秒
SSSSS	毫秒
MM	月
Mon	月份的简写
Month	月份的全名
W	月中的第几个星期
WW	年中的第几个星期

（2）TIMESTAMP 类型。TIMESTAMP 类型是 DATE 类型的扩展，该类型是存储了年、月、日、时、分、秒以及毫秒的时间格式的数据类型。

学习单元 2　常用函数

学习目标

- 了解字符函数及其用法
- 了解数字函数及其用法
- 了解日期函数及其用法
- 了解类型转换函数及其用法
- 了解组函数及其用法

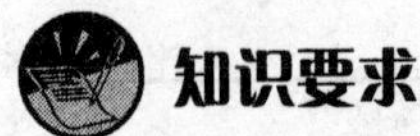

知识要求

一、字符函数

字符函数是对字符类型进行处理或转换的函数，用于 SQL 语句及 PL/SQL 块中，下面详细讲解 Oracle 的字符函数及用法。

1. ASCII（char）

返回字符串中首字符的 ASCII 码，示例如下：

```
SQL > select ascii('a') as ascii1, ascii('A') as ascii2 from dual;

   ASCII1     ASCII2
---------- ----------
      97         65
```

2. CHR（n）

将 ASCII 码转换为对应的字符，示例如下：

```
SQL > select  chr(97) as chr1, chr(65) as chr2 from dual;

CHR1 CHR2
 - -
a A
```

3. CONCAT（char1，char2）

将两个字符串连接在一起，返回这个连接的字符串，示例如下：

```
SQL > select  concat('abc','123') as concat from dual;

CONCAT
 ------
abc123
```

4. INITCAP（char）

将英文单词的首字母转换为大写字母，示例如下：

```
SQL > select initcap('abc efg') as initcap from dual;

INITCAP
-------
Abc Efg
```

5. INSTR（char1，char2［，n［，m］］）

从字符串 char1 中查找字符 char2 的位置，数值 n 为起始搜索位置，数值 m 为字符 char2 出现的次数，n 和 m 省略不指定时默认值为 1，示例如下：

```
SQL > select instr('abcefg','ce') as instr from dual;

  INSTR
----------
     3
```

6. LENGTH（char）

返回字符串的长度，如果 char 为 null，返回的结果也为 null，示例如下：

```
SQL > select length('abcdefg') as length from dual;

  LENGTH
----------
       7
```

7. LOWER（char）

将字符串 char 转换为小写字母，示例如下：

```
SQL > select lower('ABC EFG') as lower from dual;

LOWER
-------
abc efg
```

8. LPAD（char1，n，char2）

在 char1 字符串的左边填充 char2 字符串，直至字符串的长度等于 n，当 char1 的长度大于 n 时，将不会进行左填充，示例如下：

```
SQL > select lpad('007',10,'X') as lpad from dual;

LPAD
----------
XXXXXXX007
```

9. LTRIM（char1［，char2］）

将从 char1 左边第一个字符开始与 char2 相同的字符逐一去除，示例如下：

```
SQL > select ltrim('XXXXXXX007','X') as ltrim from dual;

LTRIM
---
007
```

10. REPLACE（char1，char2［，char3］）

在字符串 char1 里查找是否有字符串 char2 的字符，如果有，将使用 char3 进行替换，示例如下：

```
SQL >select replace('acdef','e','@') as replace from dual;

REPLACE
```

```
-----
acd@ f
```

11. RPAD (char1, n, char2)

在 char1 字符串的右边填充 char2 字符串，直至字符串的长度等于 n，当 char1 的长度大于 n 时将不会进行右填充，示例如下：

```
SQL > select rpad('007',10,'*') as rpad from dual;

RPAD
----------
007*******
```

12. RTRIM (char1 [, char2])

将从 char1 右边第一个字符开始与 char2 相同的字符逐一去除，示例如下：

```
SQL > select rtrim('007*******','*') as rtrim from dual;

RTRIM
---
007
```

13. SUBSTR (char, m [, n])

对字符串 char 从 m 的位置开始截取 n 个字符串，如果 m 是正数是从左边开始截取，如果 m 为负数是从右边开始截取，示例如下：

```
SQL > select substr('XXX007***', 4, 3) as substr from dual;

SUBSTR
---
007
```

14. TRANSLATE（char1，char2，char3）

对 char1 字符串，按照 char2 和 char3 的字符位置的对应关系进行对照转换，示例如下：

```
SQL > select
translate('abcdefghijk@ #$','abcdefghij','1234567890') as trans-
late from dual;

TRANSLATE
--------------
1234567890k@ #$
```

15. TRIM（char1 FROM char2）

对字符串 char2 的头尾两端截断 char1 字符串，示例如下：

```
SQL > select trim('X' from 'XXX20111213XXX') as trim from dual;

TRIM
--------
20111213
```

16. UPPER（char）

将字符串 char 内的字母转换成大写字母，示例如下：

```
SQL > select upper('abc123') as upper from dual;

UPPER
------
ABC123
```

二、数字函数

数字函数是对数字类型进行处理或转换的函数，数字函数的输入参数和返回值都是数值，数字函数用于 SQL 语句及 PL/SQL 块中，下面详细讲解 Oracle 的数字函数及其用法。

1. ABS（n）

返回数值 n 的绝对值，示例如下：

```
SQL > select abs( -1000) as abs1, abs(2000) as abs2 from dual;

     ABS1       ABS2
---------- ----------
     1000       2000
```

2. ACOS（n）

返回数值 n 的反余弦值，n 值输入的范围是 -1 ~ 1，输出值的单位为弧度，示例如下：

```
SQL > select acos( -0.111) as acos from dual;

      ACOS
----------
1.68202554
```

3. ASIN（n）

返回数值 n 的反正弦值，n 值输入的范围是 -1 ~ 1，输出值的单位为弧度，示例如下：

```
SQL > select asin( -0.111) as asin from dual;

      ASIN
----------
-0.11122921
```

4. ATAN（n）

返回数值 n 的反正切值，输出值的单位为弧度，示例如下：

```
SQL > select atan( -0.111) as atan from dual;

     ATAN
----------
-0.11054746
```

5. ATAN2（n，m）

返回数值 n 除以数值 m 的反正切值，输入的 m 值不能为 0，输出值的单位为弧度，示例如下：

```
SQL > select atan2( -0.111,2) as atan2 from dual;

    ATAN2
----------
-0.05544312
```

6. CEIL（n）

返回大于或等于数值 n 的最小整数，示例如下：

```
SQL > select ceil(11.2) as ceil1, ceil( -11.2) as ceil2 from dual;

    CEIL1      CEIL2
---------- ----------
     12        -11
```

7. COS（n）

返回数值 n 的余弦值，示例如下：

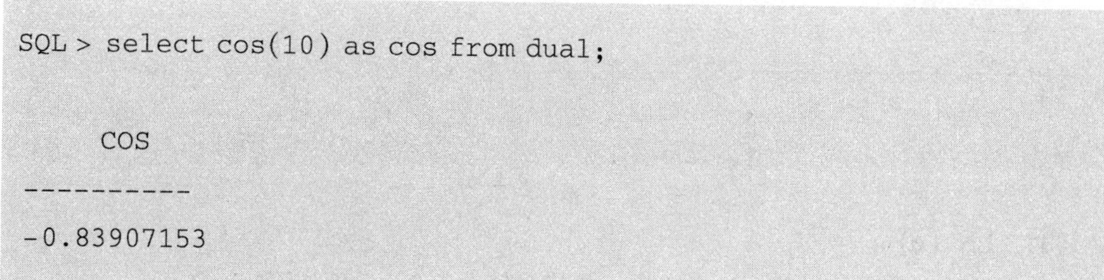

```
SQL > select cos(10) as cos from dual;

      COS
----------
-0.83907153
```

8. COSH（n）

返回数值 n 的双曲余弦值，示例如下：

```
SQL > select cosh(10) as cosh from dual;

      COSH
----------
11013.2329
```

9. EXP（n）

返回 e 的 n 次幂（e =2.71 828 183…），示例如下：

```
SQL > select exp(123) as exp from dual;

      EXP
----------
2.6195E +53
```

10. FLOOR（n）

返回小于等于 n 的最大整数，示例如下：

```
SQL > select floor(11.2) as floor1, floor( - 11.2) as floor2 from dual;

    FLOOR1        FLOOR2
```

```
---------- ----------
        11         -12
```

11. LN（n）

返回数值 n 的自然对数，注意数值 n 的值必须大于 0，示例如下：

```
SQL > select ln(100) as ln from dual;

      LN
----------
4.60517019
```

12. LOG（m，n）

返回数值 m 为底的数值 n 的对数，注意数值 m 是除 0 和 1 以外的任何正整数，数值 n 可以是任何正整数，示例如下：

```
SQL > select log(10,2) as log from dual;

      LOG
----------
0.301029996
```

13. MOD（m，n）

返回两个数值相除后的余数，注意数值 n 为 0 时返回数值 m，示例如下：

```
SQL > select mod(10,0) as mod1, mod(10,3) as mod2 from dual;

     MOD1       MOD2
---------- ----------
     10          1
```

14. POWER (m, n)

返回数值 m 的 n 次幂，示例如下：

```
SQL > select power(16,2) as power from dual;

  POWER
----------
   256
```

15. ROUND (n, [m])

返回 n 的四舍五入值，数值 m 代表小数点前后位数，当 m 为正值时 m 代表从小数点位向右边开始保留的位小数，当 m 为负值时 m 代表从小数点位向左边开始四舍五入 m 位整数，m 的默认值为 0，示例如下：

```
SQL > select round(345.45) as round1, round(345.45,1) as round2,
round(345.45,-1) as round3 from dual;

  ROUND1      ROUND2      ROUND3
---------- ---------- ----------
   345        345.5       350
```

16. SIGN (n)

用于检测数值 n 的值是正值还是负值，如果 n 大于 0 返回 1，如果 n 等于 0 返回 0，如果 n 小于 0 返回 -1，示例如下：

```
SQL > select sign(123.45) as sign1, sign(0) as sign2, sign( -123.45)
as sign3 from dual;

  SIGN1       SIGN2       SIGN3
---------- ---------- ----------
   1           0          -1
```

17. SIN（n）

返回数值 n 的正弦值，示例如下：

```
SQL > select sin(11) as sin from dual;

    SIN
----------
-0.99999021
```

18. SINH（n）

返回数值 n 的双曲正弦值，示例如下：

```
SQL > select sinh(11) as sinh from dual;

    SINH
----------
29937.0708
```

19. SQRT（n）

返回数值 n 的平方根，注意 n 的值必须大于等于 0，示例如下：

```
SQL > select  sqrt(16) as sqrt from dual;

    SQRT
----------
      4
```

20. TAN（n）

返回数值 n 的正切值，示例如下：

```
SQL > select tan(11) as tan from dual;

    TAN
```

```
----------
-225.95085
```

21. TANH (n)

返回数值 n 的双曲正切值，示例如下：

```
SQL > select tanh(11) as tanh from dual;

    TANH
----------
0.999999999
```

22. TRUNC (n, [m])

返回数值 n 的截取值，数值 m 代表小数点前后位数，当 m 为正值时 m 代表从小数点位向右边开始保留 m 位小数，当 m 为负值时 m 代表小数点位向左边开始截取 m 位整数，数值 m 的默认值为 0，示例如下：

```
SQL > select trunc(345.45) as trunc1, trunc(345.45,1) as trunc2,
trunc(345.45,-1) as trunc3 from dual;

   TRUNC1      TRUNC2     TRUNC3
---------- ---------- ---------
   345        345.4       340
```

三、日期函数

日期函数是用于处理或转换日期类型的函数，日期函数用于 SQL 语句及 PL/SQL 块中。下面详细讲解 Oracle 的日期函数及其用法。

1. ADD_ MONTHS (date, n)

用于对日期类型的 date 增加或减少 n 个月份，当 n 为正数时表示增加月份，当 n 为负数时表示减少月份，示例如下：

```
SQL > select add_months(date '2011 -12 -13 ', 2) as add1, add_months
(date '2011 -12 -13 ', -2) as add2 from dual;

ADD1       ADD2
---------- ----------
2012 -02 -13 2011 -10 -13
```

2. CURRENT_ DATE

用于返回当前会话时区所对应的日期时间，示例如下：

```
SQL > select current_date from dual;

CURRENT_DATE
----------
2011 -12 -21
```

3. CURRENT_ TIMESTAMP

用于返回当前会话时区所对应的日期时间，返回的类型为时间戳类型，示例如下：

```
SQL > select current_timestamp from dual;

CURRENT_TIMESTAMP
---------------------------------------------------------------
21 -12 月 -12 12.12.21.123456 下午 +08:00
```

4. EXTRACT（format FROM date）

根据 format 的格式获取 date 日期里的指定日期数据，示例如下：

```
SQL > select extract(year from date '2012 -12 -21 ') as extract from
dual;

 EXTRACT
----------
     2012
```

5. LAST_ DAY（date）

返回日期 date 所在月份的最后一天，示例如下：

```
SQL > select last_day(date '2012 -12 -21 ') as last_day from dual;

LAST_DAY
----------
2012 -12 -31
```

6. MONTHS_ BETWEEN（date1，date2）

返回 date1 和 date2 这两个日期之间相差的月份数，当 date1 小于 date2 时返回的值是负数，示例如下：

```
SQL > select months_between(date '2012 -1 -1 ', date '2012 -10 -10 ')
as months1, months_between(date '2012 -10 -10 ', date '2012 -1 -1 ') as
months2 from dual;

 MONTHS1    MONTHS2
---------- ----------
-9.2903226 9.29032258
```

7. NEXT_ DAY（date，char）

返回用于计算 date 时间开始的下一个星期 char 的具体时间日期，date 是一个时间，char 是“星期一”至“星期日”这七个中的一个。示例如下：

```
SQL > select next_day(date '2012 -1 -1','星期一') as next_day from
dual;

NEXT_DAY
----------
2012 -01 -02
```

8. ROUND（date［，format］）

对日期 date 按 format 格式进行四舍五入返回结果日期格式，示例如下：

```
SQL > select round(date '2011 -7 -16','yyyy') as round1,round(date '
2011 -7 -16','mm') as round2 from dual;

ROUND1        ROUND2
---------- ----------
2012 -01 -01 2011 -08 -01
```

9. SYSDATE

返回当前系统的日期时间，示例如下：

```
SQL > select  sysdate from dual;

SYSDATE
----------
2012 -03 -25
```

10. SYSTIMESTAMP

返回当前系统的日期时间及时区，示例如下：

```
SQL > select systimestamp from dual;

SYSTIMESTAMP
-------------------------------------------------------------
21 -12 月 -12 12.12.21.123456 下午 +08:00
```

11. TRUNC (date [, format])

对日期 date 进行截取返回结果日期格式，示例如下：

```
SQL > select trunc(date '2011 -7 -16 ','yyyy') as
trunc1,trunc(date '2011 -7 -16 ','mm') as trunc2 from dual;

TRUNC1      TRUNC2
---------- ----------
2011 -01 -01 2011 -07 -01
```

四、类型转换函数

类型转换函数用于将一种数据类型转换为另一种数据类型，类型转换函数用于 SQL 语句及 PL/SQL 块中。下面详细讲解 Oracle 的类型转换函数及其用法。

1. ASCIISTR (char)

将任意字符集的字符串转换为当前数据库字符集的 ASCII 字符串，示例如下：

```
SQL > select asciistr('地球') as asciistr from dual;

ASCIISTR
----------
\5730 \7403
```

2. CONVERT (char, set1, set2)

将源字符串 char 从一个语言字符集 set2 转换到另一个目的字符集 set1，示例如下：

```
SQL > select convert('地球','US7ASCII','WE8ISO8859P1') as convert
from dual;

CONVERT
----
?? Co
```

3. TO_ CHAR（x［，format［，nls_ param］］）

将 x 转换成一个字符串，x 可能是一个数字或日期，可以通过指定 format 格式得到想要的字符串，nls_ param 用于指定 NLS 参数，示例如下：

```
SQL > select to_char(123.45,'$999,999.0000') as tochar1, to_char
(sysdate,'yyyy/mm/dd hh24:mi:ss') as tochar2 from dual;

TOCHAR1        TOCHAR2
-------------- --------------------
$123.4500 2011/12/21 12:12:21
```

4. TO_ CLOB（char）

将字符串 char 转换成 CLOB 类型，示例如下：

```
SQL > select to_clob('abcdefghijklmn') as toclob from dual;

TOCLOB
----------------------------------------------------------------
abcdefghijklmn
```

5. TO_ DATE（char［，format［，nls_ param］］）

用于将日期格式的字符串转换成日期类型，参数 format 用于指定日期的格式，nls_ param 用于指定 NLS 参数，示例如下：

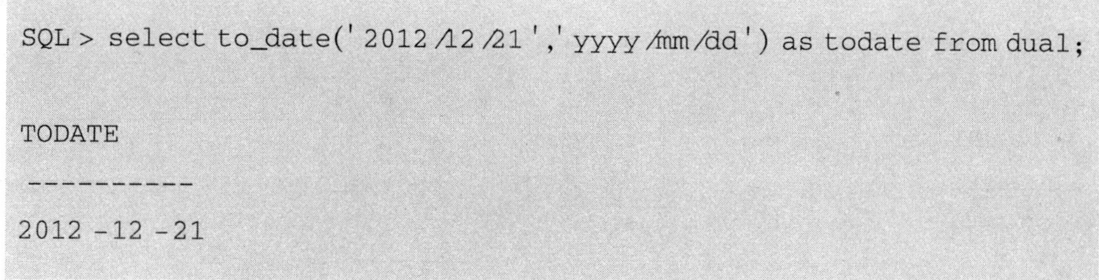

```
SQL > select to_date('2012/12/21','yyyy/mm/dd') as todate from dual;

TODATE
----------
2012-12-21
```

6. TO_ NUMBER (char [, format [, nls_ param]])

将数字格式的字符串转换成数值类型，示例如下：

```
SQL > select to_number('00112233.4455') as tonumber from dual;

  TONUMBER
----------
112233.4455
```

五、组函数

组函数是用于将表中指定数据范围内的列数据进行分组统计的函数，组函数用于 SQL 语句及 PL/SQL 块中。下面详细讲解 Oracle 的组函数及其用法。

1. AVG ([distinct | all] x)

统计数据表中指定列的平均值，求 EMP 表内 SAL 列平均值的示例如下：

```
SQL > select avg(sal) as avg from emp;

       AVG
----------
2073.21429
```

2. COUNT (* | [distinct | all] x)

统计数据表中的记录行数，对 EMP 表进行记录行数统计的示例如下：

```
SQL > select count( * ) as count from emp;

     COUNT
----------
        14
```

3. MAX （［distinct | all］ x）

统计数据表中指定列的最大值，获取 EMP 表 SAL 列最大值的示例如下：

```
SQL > select max(sal) as max from emp;

       MAX
----------
      5000
```

4. MIN （［distinct | all］ x）

统计数据表中指定列的最小值，获取 EMP 表 SAL 列最小值的示例如下：

```
SQL > select min(sal) as min from emp;

       MIN
----------
       800
```

5. SUM （［distinct | all］ x）

统计数据表中指定列的合计值，获取 EMP 表 SAL 列合计值的示例如下：

```
SQL > select sum(sal) as sum from emp;

       SUM
----------
     29025
```

6. STDDEV（[distinct | all] x）

统计数据表中指定列的标准误差，获取 EMP 表 SAL 列标准误差的示例如下：

```
SQL > select stddev(sal) as stddev from emp;

   STDDEV
----------
1182.50322
```

7. VARIANCE（[distinct | all] x）

统计数据表中指定列的方差，获取 EMP 表 SAL 列方差的示例如下：

```
SQL > select variance(sal) as variance from emp;

  VARIANCE
----------
1398313.87
```

第 2 节　PL/SQL 高级应用

学习单元 1　存储过程

学习目标

- 了解存储过程及其语法
- 掌握存储过程实例

知识要求

一、存储过程概述

存储过程是为了执行一定的任务而组合在一起的 SQL 或者 PL/SQL 块的语句集合。存储过程包括以下几个部分：声明部分、执行部分和异常处理部分。声明部分包含类型、游标、常量、变量、异常和嵌套子程序的声明。执行部分包含声明部分声明的变量赋值、为达到一定目的的操作 SQL 或 PL/SQL 块。异常处理部分包括对过程执行中出现异常进行的异常处理操作。

二、语法

创建存储过程的具体语法如下：

```
CREATE [OR REPLACE] PROCEDURE procedure_name
[(param [{IN |OUT |IN OUT}] type [,…])]
{IS |AS}
BEGIN
  /* PL/SQL 块 */
  EXCEPTION
  /* 异常处理块 */
END;
```

语法说明：

- ［OR REPLACE］是可选关键字，如果编译时加上此关键字将直接覆盖已经存在的同名过程，否则会报 ORA－00955 错误。
- param 是过程的参数名。
- ［｛IN｜OUT｜IN OUT｝］表示参数的模式，IN 为传入参数，OUT 为传出参数，IN OUT 为既传入也传出的参数，默认值为 IN。
- type 为对应参数类型（例如，varchar2、char、number 等）。

技能要求

存储过程实例

下面将使用具体例子详细讲解存储过程：

```
create or replace procedure p_add_sal(i_empno emp.empno% type) as
    begin
  update  emp set sal = sal * 1.1 where empno = i_empno;
  if SQL% ROWCOUNT > 0 then
    commit;
  else
    raise_application_error( -20000,'未找到' ||i_empno ||'员工号！');
  end if;
end p_add_sal;
```

现在对上面的例子逐行进行讲解：

第一行，声明将创建或者替换名为 p_ add_ sal 的存储过程，该过程带有一个输入参数，该参数为 i_ empno 类型，与表 emp 内 empno 列的类型相同。

第二行，说明存储过程执行代码的开始。

第三行，给 emp 表内 empno 列的值等于传入值 i_ empno 的记录增加 10% 的 sal。

第四行，对执行的 update 语句是否有更新记录数进行判断。

第五行，当更新的记录数大于 0 时提交更新的数据。

第六、七行，当更新的记录数小于等于 0 时，手工引发异常信息，引发的异常号为“ -20000”，异常信息内容为“未找到 XXX 员工号!”。

第八行，if 判断结束。

第九行，p_ add_ sal 存储过程结束。

现在对这段存储过程执行编译，编译情况如下：

```
SQL > create or replace procedure p_add_sal(i_empno emp.empno% type)
as
```

```
begin
  updat eemp set sal = sal * 1.1 where empno = i_empno;
  if SQL% ROWCOUNT  > 0 then
    commit;
  else
    raise_application_error( -20000,'未找到' ||i_empno ||'员工号！');
  end if;
end p_add_sal;
/

过程已创建。
```

存储过程成功创建后，接下来将使用这个存储过程来对 empno 等于 7369 的员工增加 10% 的 sal，首先列出表内的数据，从表里可以看到 7369 当前的 sal 值为 800，当执行 p_ add_ sal 过程后再次查看 emp 表，可以看到表内的 empno 等于 7369 的员工的 sal 值为已经增加了 10% 后的 880，下面是具体执行内容：

```
SQL > select  empno, sal from emp;

   EMPNO        SAL
---------- ----------
     7369        800
     7499       1600
     7521       1250
     7566       2975
     7654       1250
     7698       2850
     7782       2450
     7788       3000
```

```
      7839      5000
      7844      1500
      7876      1100
      7900       950
      7902      3000
      7934      1300

已选择14 行。

SQL > execute p_add_sal(7369);

PL/SQL 过程已成功完成。

SQL > select  empno, sal from emp;

     EMPNO        SAL
---------- ----------
      7369        880
      7499       1600
      7521       1250
      7566       2975
      7654       1250
      7698       2850
      7782       2450
      7788       3000
      7839       5000
      7844       1500
      7876       1100
      7900        950
      7902       3000
```

```
     7934      1300

已选择 14 行。
```

上面的执行是只对有记录更新的情况下的执行结果。如果没有更新的记录，执行结果应为：

```
SQL > execute p_add_sal(1234);
BEGIN p_add_sal(1234); END;


 *
第 1 行出现错误:
ORA -20000:未找到 1234 员工号!
ORA -06512:在"SCOTT.P_ADD_SAL", line 7
ORA -06512:在 line 1
```

从执行结果里可以看到，将要更新 empno 号为 1234 的员工，但是由于表内没有这条记录，更新的记录数为 0，所以抛出了这条异常信息。

学习单元 2　函数

学习目标

➢ 了解函数及其语法

➢ 掌握函数实例

知识要求

一、函数概述

函数和存储过程类似，但是函数执行结束后将会返回一个值。函数包括以下几个部分：声明部分、执行部分和异常处理部分。声明部分包含类型、游标、常量、变量、异常和嵌套子程序的声明。执行部分包含声明部分声明的变量赋值、为达到一定目的的操作 SQL 或 PL/SQL 块。异常处理部分包括对过程执行中出现异常进行的异常处理操作。

二、语法

创建函数的具体语法如下：

```
CREATE [OR REPLACE] FUNCTION function_name
[(param type[,…])]
RETURN return_type
{IS |AS}
BEGIN
  /* PL/SQL 块 */
  return value; /* 执行后返回的值 */
  EXCEPTION
  /* 异常处理块 */
END;
```

语法说明：

- [OR REPLACE] 是可选关键字，如果编译时加上此关键字表示如果已经存在同名函数将直接覆盖，否则遇到数据内当前编译的用户下已经存在同名函数时会报 ORA - 00955 错误。
- param 是函数的参数名。
- type 为对应参数类型。

技能要求

函数实例

下面将使用具体例子详细讲解函数：

```
create or replace function f_getdname(i_deptno dept.deptno% type)
return varchar2 as
  v_dname dept.dname% type;
begin
  select dname into v_dname from dept where deptno = i_deptno;
  return v_dname;
exception
  when no_data_found then
  raise_application_error( -20000,'未找到部门号! ');
end f_getdname;
```

现在对上面的例子逐行进行讲解：

第一行，声明将创建或者替换名为 f_ getdname 的函数，该函数带有一个输入参数，该参数为 i_ deptno 类型，与表 dept 内 deptno 列的类型相同。

第二行，声明该函数的返回类型为 VARCHAR2。

第三行，声明变量 v_ dname，该变量的类型与表 dept 内 dname 列的类型相同。

第四行，说明函数具体执行代码的开始。

第五行，从表 dept 内查找与传入参数 i_ deptno 相等的值，并将查询结果保存在 v_ dname 变量内。

第六行，返回 v_ dname 变量里的值。

第七行，函数的异常处理开始。

第八行，声明捕捉当 select 查询未查找到记录时所抛出的异常。

第九行，抛出当前函数未找到传入的部门号信息给调用函数的用户。

第十行，本函数结束。

从上面的函数中了解到该函数需要对传入参数进行查询，并将查询的部门名称给果返回给调用方，下面列出函数中调用的 dept 表的结构：

```
SQL >desc dept
名称                                    是否为空？   类型
----------------------------------- -------- ---
```

```
DEPTNO                                   NOT NULL NUMBER(2)
DNAME                                    VARCHAR2(14)
LOC                                      VARCHAR2(13)
```

在了解该函数后，将对该函数代码进行编译，编译情况如下：

```
SQL > create or replace function f_getdname(i_deptno dept.deptno%
type)
return varchar2 as
  v_dname dept.dname% type;
begin
  select  dname into v_dname from dept where deptno = i_deptno;
  return v_dname;
exception
when no_data_found then
raise_application_error( -20000,'未找到部门号！');
end f_getdname;
/

函数已创建。
```

函数成功创建后，接下来将使用这个函数，这里有一张 emp 表，该表的结构如下：

```
SQL >desc emp
名称                                     是否为空？ 类型
---------------------------------------- -------- ---
EMPNO                                    NOT NULL NUMBER(4)
ENAME                                             VARCHAR2(10)
JOB                                               VARCHAR2(9)
MGR                                               NUMBER(4)
```

```
HIREDATE                                         DATE
SAL                                              NUMBER(7,2)
COMM                                             NUMBER(7,2)
DEPTNO                                           NUMBER(2)
```

由于 emp 表里只存放了员工的相关信息，没有存放具体的部门名称，现在通过调用 f_ getdname 函数得到所有员工所在的部门名称，查询 SQL 语句如下：

```
SQL > select f_getdname(deptno) dname, ename from emp;

DNAME          ENAME
----------- ----------
RESEARCH        SMITH
SALES           ALLEN
SALES           WARD
RESEARCH        JONES
SALES           MARTIN
SALES           BLAKE
ACCOUNTING      CLARK
RESEARCH        SCOTT
ACCOUNTING      KING
SALES           TURNER
RESEARCH        ADAMS
SALES           JAMES
RESEARCH        FORD
ACCOUNTING      MILLER

已选择 14 行。
```

从上面的 SQL 脚本可以看到，第一列将 emp 表的部门名称 deptno 列传入到函数里，然后函数返回了对应的部门名称，至此已经说明了一个函数创建以及调用。

学习单元 3 触发器

学习目标

➢ 了解触发器及其组成

➢ 了解 DML 触发器

➢ 掌握 DML 触发器应用

知识要求

一、触发器概述

触发器（TRIGGER）是个特殊的存储过程，它的执行不是由程序调用，也不是手工启动，而是由事件来触发，比如当对一个表进行操作（例如，INSERT、DELETE、UPDATE）时就会激活它执行。通常情况下触发器用于加强数据的完整性约束和业务规则等DML 操作，从 Oracle 8i 开始支持基于 Oracle 系统事件（例如，启动数据库、关闭数据库、登录）以及为 DDL 操作建立相应的触发器。

二、触发器的组成

触发器是在特定事件引发的条件下而自动执行的存储过程，由触发事件、触发条件和触发操作三部分组成。

1. 触发事件

触发事件是指某个 SQL 语句或数据库事件在进行操作时触发的事件，从 Oracle 8i 开始以下事件可以作为触发器的触发事件：

（1）启动和关闭实例。

（2）Oracle 错误消息。

（3）用户登录及断开会话。

（4）表或视图的 DML 操作。

（5）在任何方案上的 DDL 语句。

2. 触发条件

触发器的触发条件是一个可选项，是指在引发触发器后对引发的条件进行匹配，只对匹配操作条件的事件进行相应的处理，对不匹配的事件不触发操作。

3. 触发操作

触发操作是指用于执行相应触发事件操作的代码，可以是 SQL 或存储过程。

三、DML 触发器

1. DML 触发器的事件

根据触发器对 DML 事件所引发的触发器方式，可以分为语句触发器和行级触发器，但是这两种触发器都有相同的触发事件，触发事件共有三个，分别对应插入、修改及删除，下面为这三个事件的关键字：

- INSERTING。对应触发事件为 INSERT，当事件匹配时返回 TRUE，否则为 FALSE。
- UPDATING。对应触发事件为 UPDATE，当事件匹配时返回 TRUE，否则为 FALSE。
- DELETING。对应触发事件为 DELETE，当事件匹配时返回 TRUE，否则为 FALSE。

2. 语句触发器和行级触发器

在了解了触发事件后，下面分别讲解语句触发器和行级触发器：

（1）语句触发器。语句触发器是指当 DML 语句在执行时，被引发执行相应代码的触发器。具体语法如下：

```
CREATE [OR REPLACE] TRIGGER grigger_name
{BEFORE |AFTER} {INSERT OR UPDATE OR DELETE}
ON table_name
BEGIN
.....
END;
```

参数说明：

- [OR REPLACE]：该参数是可选关键字，如果编译时加上此关键字表示如果已经存在同名触发器将直接覆盖，否则遇到数据内当前编译的用户下已经存在同名触发器时会报 ORA－04081 错误。
- {BEFORE | AFTER}：该参数为二选一，BEFORE 是指在执行 DML 操作生效前

触发事件，AFTER 是指在执行 DML 操作生效后触发事件。

- {INSERT OR UPDATE OR DELETE}：该参数为多选项，是指触发事件，这三个事件对应插入、更新及删除数据的 SQL 操作，在实际应用中请根据需求进行选择使用。

（2）行级触发器。行级触发器是指在执行 DML 语句时，对 DML 语句范围内的数据在进行操作时引发对应事件的触发器。具体语法如下：

```
CREATE [OR REPLACE] TRIGGER grigger_name
{BEFORE |AFTER} {INSERT OR UPDATE OR DELETE}
ON table_name
[REFERENCING OLD AS old |NEW AS new]
FOR EACH ROW
{WHEN 条件}
BEGIN
.....
END;
```

参数说明：

- [OR REPLACE]：该参数是可选关键字，如果编译时加上此关键字表示如果已经存在同名触发器将直接覆盖，否则遇到数据内当前编译的用户下已经存在同名触发器时会报 ORA -04081 错误。
- {BEFORE | AFTER}：该参数为二选一，BEFORE 是指在执行 DML 操作生效前触发事件，AFTER 是指在执行 DML 操作生效后触发事件。
- {INSERT OR UPDATE OR DELETE}：该参数为多选项，是指触发事件，这三个事件对应插入、更新及删除数据的 SQL 操作，在实际应用中请根据需求进行选择使用。
- [REFERENCING OLD AS old | NEW AS new]：该参数是对行级触发器对应的表的列值赋予别名，示例中 OLD 的值（即列的原值）的别名为 old，示例中 NEW 的值（即列的原值）的别名为 new。
- FOR EACH ROW：该参数说明本触发器为行级触发器。
- {WHEN 条件}：该参数用于指定触发的条件，为可选项。

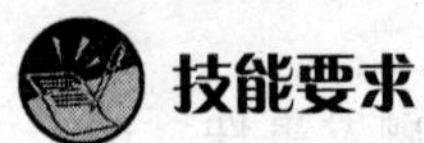

技能要求

DML 触发器应用

DML 触发器可以分为 BEFORE 语句触发器、AFTER 语句触发器、BEFORE 行级触发器、AFTER 行级触发器。下面将针对语法举例讲解四种 DML 触发器。

1. BEFORE 语句触发器

建立一个触发器，用于控制只有 SCOTT 用户才能对 SCOTT 用户下的 EMP 表进行新增、修改及删除的操作，示例代码如下：

```
Create or Replace Trigger before_emp
Before insert or update or delete
On emp
Begin
  If user not in ('SCOTT') Then
    Raise_application_error( -20001,'你没有修改本表的权限！');
  End if;
End;
```

该触发器编译成功后，使用 SYS 用户对 SCOTT 用户下 EMP 表里所有 SAL 列的值增加 10%，执行后由于当前用户不是 SCOTT，引发了触发器内的异常，执行情况如下：

```
SQL > show user
USER 为 "SYS"
SQL > update scott.emp set sal = sal * 1.1;
update scott.emp set sal = sal * 1.1
                *
第 1 行出现错误:
ORA -20001:你没有修改本表的权限!
```

```
ORA -06512:在"SCOTT.BEFORE_EMP", line 3
ORA -04088:触发器'SCOTT.BEFORE_EMP'执行过程中出错
```

2. AFTER 语句触发器

创建一张表，用于记录SCOTT用户下EMP表的新增、修改和删除的日志表，并创建一个基于EMP表的触发器，该触发器用于记录EMP表的操作情况，示例代码如下：

```
Create Table emp_modifi_log
(
username varchar2(30),
modifi_time date,
modifi_type varchar2(10)
);

Create or Replace Trigger after_emp
After insert or update or delete
On emp
Declare
v_modifitype varchar2(10);
v_modifitime date := sysdate;
Begin
  case
    when INSERTING then
      v_modifitype := 'INSERT';
    when UPDATING then
      v_modifitype := 'UPDATE';
    when DELETING then
      v_modifitype := 'DELETE';
  end case;
```

```
  INSERT INTO emp_modifi_log values (user, v_modifitime, v_modifi-
type);
End;
```

该触发器编译成功后，对 EMP 表进行操作，该触发器会将这些操作记录到 emp_modifi_ log 表里，执行情况如下：

```
SQL > update scott.emp set sal = sal *1.1;

已更新 14 行。

SQL > delete from scott.emp where sal <1000;

已删除 1 行。

SQL > insert into  emp values
  2  (1234,'aaa','aaa',1234,sysdate,1234,123, 10);

已创建 1 行。

SQL > select * from scott.emp_modifi_log;

USERNAME                        MODIFI_TIME        MODIFI_TYP
------------------------------ -------------- ----------------
SCOTT                        2012 -12 -21 12:31:57   UPDATE
SCOTT                        2012 -12 -21 12:32:16   DELETE
SCOTT                        2012 -12 -21 12:41:06   INSERT
```

3. BEFORE 行级触发器

建立一个触发器，对于 SCOTT 用户，可以对 EMP 表的 SAL 列具有增加工资而不能降低工资的权限；而对于 SYS 用户，可以对 EMP 表的 SAL 列具有降低工资而不能增加工资的权限。其他用户不能对该列进行操作，示例代码如下：

```
Create or replace trigger before_emp
Before update of sal
On emp
For Each Row
Begin
  If user not in ('SCOTT','SYS') Then
    Raise_application_error(-20001,'你没有修改本表的权限!');
  Else
    If user = 'SCOTT' and :new.sal < :old.sal Then
      Raise_application_error(-20001,'SCOTT 没有降低工资的权限!');
    End If;
    If user = 'SYS' and :new.sal > :old.sal Then
      Raise_application_error(-20001,'SYS 没有增加工资的权限!');
    End If;
  End if;
End;
```

该触发器编译成功后，通过使用 SCOTT、SYS、SYSTEM 这三个用户对 EMP 表的 SAL 列进行更新操作，可以验证触发器内的限制，执行情况如下：

```
SQL > show user
USER 为 "SCOTT"
SQL > update scott.emp set sal = sal * 1.1;

已更新 14 行。

SQL > update scott.emp set sal = sal * 0.8;
update scott.emp set sal = sal * 0.8
```

```
            *
第 1 行出现错误:
ORA -20001: SCOTT 没有降低工资的权限!
ORA -06512:在 "SCOTT.BEFORE_EMP", line 6
ORA -04088:触发器 'SCOTT.BEFORE_EMP' 执行过程中出错

SQL > show user
USER 为 "SYS"
SQL > update scott.emp set sal = sal * 1.1;
update scott.emp set sal = sal * 1.1
 *
第 1 行出现错误:
ORA -20001: SYS 没有增加工资的权限!
ORA -06512:在 "SCOTT.BEFORE_EMP", line 9
ORA -04088:触发器 'SCOTT.BEFORE_EMP' 执行过程中出错


SQL > update scott.emp set sal = sal * 0.7;

已更新 14 行。

SQL > show user
USER 为 "SYSTEM"
SQL > update scott.emp set sal = 0;
update scott.emp set sal = 0
            *
第 1 行出现错误:
ORA -20001:你没有修改本表的权限!
ORA -06512:在 "SCOTT.BEFORE_EMP", line 3
ORA -04088:触发器 'SCOTT.BEFORE_EMP' 执行过程中出错
```

4. AFTER 行级触发器

创建一张记录工资变化情况的日志表，并建立一个触发器，在 EMP 表里 SAL 列发生修改时，用于将修改前后的金额记录到日志表内，示例代码如下：

```
Create Table emp_modifi_log
(
   username varchar2(10),
   empno number(4),
   old_sal number(7,2),
   new_sal number(7,2),
   modifidate date
);

Create or Replace Trigger after_emp
After update of sal
On emp
For Each Row
Begin
  INSERT INTO emp_modifi_log values
(user, :old.empno, :old.sal, :new.sal, sysdate);
End;
```

该触发器编译成功后，对 EMP 表里的所有员工增加 10% 的工资后，可以从日志表里查看到各位员工的工资变化情况，执行情况如下：

```
SQL > update scott.emp set sal = sal * 1.1;

已更新 14 行。

SQL > select * from emp_modifi_log;
```

```
USERNAME         EMPNO    OLD_SAL     NEW_SAL MODIFIDATE
---------- ---------- ---------- ------- --------------
SCOTT             7369     800         880 2012-12-21 21:21:40
SCOTT             7499    1600        1760 2012-12-21 21:21:40
SCOTT             7521    1250        1375 2012-12-21 21:21:40
SCOTT             7566    2975      3272.5 2012-12-21 21:21:40
SCOTT             7654    1250        1375 2012-12-21 21:21:40
SCOTT             7698    2850        3135 2012-12-21 21:21:40
SCOTT             7782    2450        2695 2012-12-21 21:21:40
SCOTT             7788    3000        3300 2012-12-21 21:21:40
SCOTT             7839    5000        5500 2012-12-21 21:21:40
SCOTT             7844    1500        1650 2012-12-21 21:21:40
SCOTT             7876    1100        1210 2012-12-21 21:21:40
SCOTT             7900     950        1045 2012-12-21 21:21:40
SCOTT             7902    3000        3300 2012-12-21 21:21:40
SCOTT             7934    1300        1430 2012-12-21 21:21:40

已选择14 行。
```

学习单元 4　游标

学习目标

- 了解显式游标的四个阶段和示例
- 了解游标属性

知识要求

游标提供了一种从表中检索数据并进行操作的灵活手段，游标的优点在于它可以定位到结果集中的某一行，并可以对该行数据执行特定操作，为用户在处理数据的过程中提供了很大方便。

技能要求

在数据库中，游标是一个十分重要的概念。游标提供了一种对从表中检索出的数据进行操作的灵活手段，就本质而言，游标实际上是一种能从包括多条数据记录的结果集中每次提取一条记录的机制。

一、显式游标

1. 显式游标的四个阶段

所谓显式游标，是指由程序员声明和命名用于处理 SELECT 语句返回的多选数据，显式游标包括定义游标、打开游标、提取数据和关闭数据这四个阶段，如图 3—1 所示。

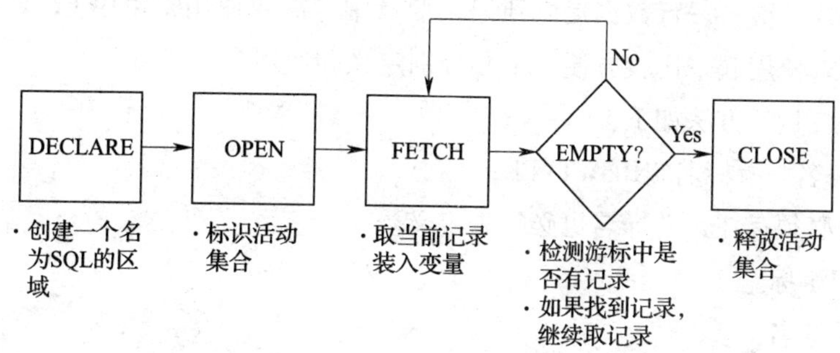

图 3—1　显示游标各阶段

下面分别讲解游标的各个阶段：

（1）声明游标。在 DECLARE 部分按以下格式声明游标：

CURSOR 游标名［（参数 1 数据类型［，参数 2 数据类型...］）］

IS SELECT 语句；

参数是可选部分，所定义的参数可以出现在 SELECT 语句的 WHERE 子句中。如果定义了参数，则必须在打开游标时传递相应的实际参数。

SELECT 语句是对表或视图的查询语句，甚至也可以是联合查询。可以带 WHERE 条件、ORDER BY 或 GROUP BY 等子句，但不能使用 INTO 子句。在 SELECT 语句中可以使用在定义游标之前定义的变量。

（2）打开游标。在可执行部分，按以下格式打开游标：

OPEN 游标名［（实际参数 1［，实际参数 2...］）］；

打开游标时，SELECT 语句的查询结果就被传送到了游标工作区。

（3）提取数据。在可执行部分，按以下格式将游标工作区中的数据提取到变量中。提取操作必须在打开游标之后进行。

FETCH 游标名 INTO 变量名 1 ［，变量名 2...］；

或

FETCH 游标名 INTO 记录变量；

游标打开后有一个指针指向数据区，FETCH 语句一次返回指针所指的一行数据，要返回多行需重复执行，可以使用循环语句来实现。控制循环可以通过判断游标的属性来进行。

下面对这两种格式进行说明：

第一种格式中的变量名是用来从游标中接收数据的变量，需要事先定义。变量的个数和类型应与 SELECT 语句中的字段变量的个数和类型一致。

第二种格式一次将一行数据提取到记录变量中，需要使用% ROWTYPE 事先定义记录变量，这种形式使用起来比较方便，不必分别定义和使用多个变量。

定义记录变量的方法如下：

变量名 表名 | 游标名% ROWTYPE；

其中的表必须存在，游标名也必须先定义。

（4）关闭游标。

CLOSE 游标名；

显式游标打开后，必须显式地关闭。游标一旦关闭，游标占用的资源就被释放掉，游标变成无效，必须重新打开才能使用。

2. 显式游标示例

```
DECLARE
  v_ename VARCHAR2(10);
  v_job  VARCHAR2(10);
  CURSOR emp_cursor IS
    SELECT ename, job FROM emp WHERE empno = 7788;
BEGIN
  OPEN emp_cursor;
  FETCH emp_cursor
```

```
    INTO v_ename, v_job;
  DBMS_OUTPUT.PUT_LINE(v_ename ||','|| v_job);
  CLOSE emp_cursor;
END;
```

二、游标属性

通过使用游标属性获取游标的状态信息。表 3—3 列出了各种游标的属性。

表 3—3　　游标属性

属性	类型	描述
%ISOPEN	Boolean	如果游标打开，则为 TRUE
%NOTFOUND	Boolean	如果最近的提取没有返回一条记录，则为 TRUE
%FOUND	Boolean	一直为 TRUE，直到最近提取没有取回行记录
%ROWCOUNT	Number	到目前为止，提取的总行数

在了解了各种游标属性后，下面将分别讲解这些属性的用处。

1. %ISOPEN 属性

由于只有在游标打开时才能提取行，所以可以通过该属性在执行提取之前使用 %ISOPEN 属性测试游标是否是打开的状态，代码示例如下：

```
IF item_cursor% ISOPEN THEN
    FETCH item_cursor INTO v_quantity, v_price;
  ELSE
    OPEN item_cursor;
  END IF;
```

2. %NOTFOUND 属性

该属性用于检查能否提取到游标里的数据，如果能从游标里提取到数据，将返回 FALSE，直到提取不到数据才会返回 TRUE，通常用于确定何时退出循环。

3. %FOUND 属性

该属性与%NOTFOUND 属性正好相反，该属性也是用于检查是否能提取到游标里的数据，如果能提取到数据返回 TRUE，否则返回 FALSE。

4. ROWCOUNT 属性

该属性用于返回当前游标已经提取的记录行数。代码示例如下：

```
LOOP
  FETCH item_cursor
INTO v_product_id, v_item_total;
  EXIT WHEN item_cursor%ROWCOUNT > 5;
  ……
END LOOP;
```

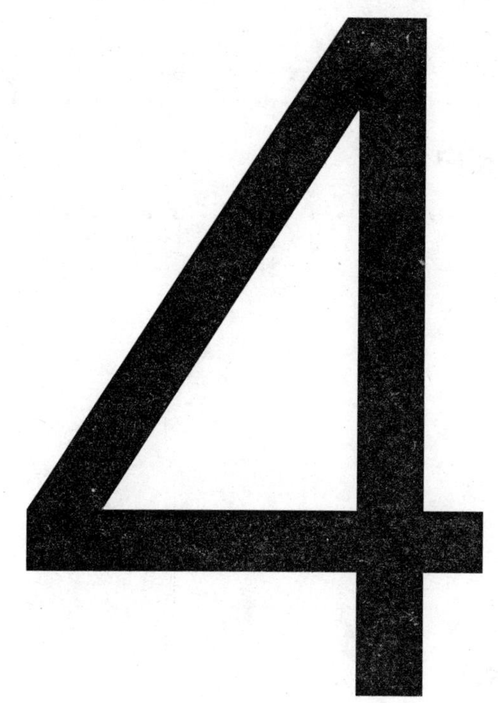

第 4 章

数据库安全性

第 1 节　数据库用户、角色、权限管理

学习单元 1　创建、修改、删除用户

学习目标

➢ 了解用户的含义

➢ 能够创建用户、修改用户、删除用户

➢ 了解用户权限

知识要求

用户的含义

数据库用户是连接数据库、访问数据库对象、是用于存储用户对象的一个模式，一个用户如果要对某一数据库进行操作，必须满足以下三个条件：

- 登录 Oracle 服务器时必须通过身份验证；
- 必须是该数据库的用户或者是某一数据库角色的成员；
- 必须有执行该操作的权限。

Oracle 有一套严格的用户管理机制，新创建的用户只有通过管理员授权才能获得使用系统数据库的权限，否则该用户只有连接数据库的权利。正是有了这一套严格的安全管理机制，才保证了数据库系统的正常运转，确保数据信息不泄露。

技能要求

一、创建用户

现在来了解如何创建用户账号，创建的方法是通过 SQL 语句，创建用户的语法格式如

下所示：

```
CREATE USER 用户名 IDENTIFIED BY 口令
[DEFAULT TABLESPACE 默认表空间]
[TEMPORARY TABLESPACE 临时表空间]
[QUOTA[数值 K|M]|[UMLIMITED]ON 表空间名]
[PROFILE 概要文件名]
[ACCOUNT LOCK]|[ACCOUNT UNLOCK]
```

说明：

- QUOTA：限制表空间的使用量。
- UMLIMITED：不限制表空间的使用量。
- ACCOUNT LOCK：新创建的用户为锁定状态。
- ACCOUNT UNLOCK：新创建的用户为未锁定状态。

当使用 CREATE USER 语句创建用户时，该用户权限域为空，如果新创建的用户需要登录数据库，则需要赋予登录的权限，具体与权限有关的内容将在后面介绍。

【例 4—1】 创建一个 SCOTT 用户，并给该用户赋予系统预定义的连接角色，代码执行情况如下：

```
SQL >CREATE USER SCOTT
  2  PROFILE DEFAULT
  3  IDENTIFIED BY TIGER
  4  ACCOUNT UNLOCK;

用户已创建。

SQL >GRANT CONNECT TO SCOTT;

授权成功。

SQL >
```

现在了解一下用户有哪几种状态。在 Oracle 里存在两种用户状态，分别为用户锁定状态及用户未锁定状态。作为 DBA，可以通过对用户状态进行相应的操作，使用户可用或不可用。对未锁定的用户进行锁定操作，在这种状态下锁定的用户无法进行数据的登录操作。对锁定的用户进行解锁操作后，具有登录权限的用户可以正常登录，并能执行本用户权限内的相关操作。

二、修改用户

用户的属性并不是赋予后就不能进行权限的变更，可以通过 SQL 命令对用户属性进行修改或变更，修改用户的语法格式如下所示：

```
ALTER USER 用户名 IDENTIFIED BY 口令
[DEFAULT TABLESPACE 默认表空间]
[TEMPORARY TABLESPACE 临时表空间]
[QUOTA[数值 K|M]|[UMLIMITED]ON 表空间名]
[PROFILE 概要文件名]
[ACCOUNT LOCK]|[ACCOUNT UNLOCK]
```

说明：

- QUOTA：限制表空间的使用量。
- UMLIMITED：不限制表空间的使用量。
- ACCOUNT LOCK：新创建的用户为锁定状态。
- ACCOUNT UNLOCK：新创建的用户为未锁定状态。

上面的语法说明了 Oracle 允许修改用户的默认表空间、临时表空间，检查使用的表空间是否有额度的限制，允许变更概要文件名以及进行用户的锁定及解锁，下面将举例说明。

【例 4—2】 现需要把 SCOTT 用户的密码修改为“TIGER”，并使用 SCOTT 用户最大限度内使用 20 MB 的 USERS 表空间，代码执行情况如下：

```
SQL >ALTER USER SCOTT
  2  IDENTIFIED BY TIGER
  3  QUOTA 20M ON USERS;

用户已更改。

SQL >
```

【例 4—3】 锁定 SCOTT 用户，代码执行情况如下：

```
SQL >ALTER USER SCOTT ACCOUNT LOCK;

用户已更改。

SQL >
```

【例 4—4】 对 SCOTT 用户解锁，代码执行情况如下：

```
SQL >ALTER USER SCOTT ACCOUNT UNLOCK;

用户已更改。

SQL >
```

三、删除用户

当用户不再有用时，可通过 SQL 命令删除用户，详见下面删除用户的语法格式，其中 CASCADE 表示级联，即删除用户之前，先删除该用户所拥有的所有对象，语法如下所示：

```
DROP USER 用户名[CASCADE]
```

需要注意对用户进行删除操作时，如果用户下有对象（例如，表、视图、索引等），Oracle 将会抛出 ORA－01922 错误，该错误提示 DBA 该用户下有对象，如果确定要进行删除操作，需要使用 CASCADE 关键字，如图 4—1 所示。

值得注意的是，使用 CASCADE 关键字后将会删除该用户下的所有对象，包含用户下的表、视图、函数、存储过程、同义词、物化视图等，该命令一旦执行将无法回滚被删除的对象。

```
SQL> DROP USER SCOTT;
DROP USER SCOTT
*
第 1 行出现错误：
ORA-01922：必须指定 CASCADE 以删除 'SCOTT'


SQL>
```

图 4—1　删除用户异常信息 1

在删除时需要先查看将要删除的用户是否正在连接数据库，因为正在连接的用户 Oracle 是不允许删除的，如图 4—2 所示。

```
SQL> drop user test1;
drop user test1
*
第 1 行出现错误：
ORA-01940：无法删除当前已连接的用户
```

图 4—2　删除用户异常信息 2

如果用户正在连接，可以通过查询 V$SESSION 动态性能视图查询出要删除的用户正在使用哪些进程，将查询出来的进程全部删除后方可删除该用户，下面将举例说明。

【例 4—5】 现需要对 SCOTT 用户进行删除操作，并且需要删除该用户下的所有对象，代码执行情况如下：

```
SQL >DROP USER SCOTT CASCADE;

用户已删除。

SQL >
```

【例 4—6】 现需要删除 TEST1 用户，但该用户正在连接，首先查询出正在连接的进程，接着删除这些进程后再执行删除用户的命令，代码执行情况如下：

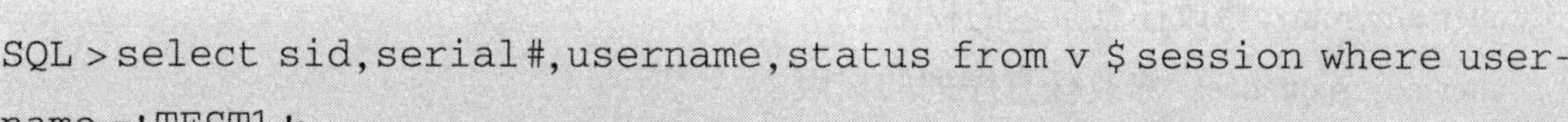


```
SQL >select sid,serial#,username,status from v $session where user-
name ='TEST1';

     SID    SERIAL# USERNAME                       STATUS
-------- -------- -------------------------------
     131      174     TEST1                      INACTIVE

SQL >alter system kill session'131,174';

系统已更改。

SQL >drop user test1 cascade;

用户已删除。

SQL >
```

四、用户权限

1. 权限的两种类型

Oracle 数据库是利用授权机制来管理数据库用户及其对象的，所以用户必须被授予相应的权限，才能在数据库中进行相对应的操作。在 Oracle 数据库里，权限可以分为系统权限和对象权限两类，下面分别讲解这两类权限。

（1）系统权限。该权限允许建立、修改和删除各种数据库结构，允许对特定对象执行相关操作，如启动数据库、关闭数据库等。

（2）对象权限。由具有权限的用户建立、修改和删除的对象，只对有权限的用户开放使用，对没有权限的用户为不可见。

在新建立的数据库里，可以通过具有 DBA 权限的用户将对应的权限授予指定用户，当然也可以通过具有 DBA 权限的用户回收权限。

2. 常用权限

alter any cluster：修改任意簇的权限

alter any index：修改任意索引的权限

alter any role：修改任意角色的权限

alter any sequence：修改任意序列的权限

alter any snapshot：修改任意快照的权限

alter any table：修改任意表的权限

alter any trigger：修改任意触发器的权限

alter cluster：修改拥有簇的权限

alter database：修改数据库的权限

alter procedure：修改拥有的存储过程权限

alter profile：修改资源限制简表的权限

alter resource cost：设置资源开销的权限

alter rollback segment：修改回滚段的权限

alter sequence：修改拥有的序列权限

alter session：修改数据库会话的权限

alter system：修改数据库服务器设置的权限

alter table：修改拥有的表权限

alter tablespace：修改表空间的权限

alter user：修改用户的权限

analyze：使用 analyze 命令分析数据库中任意的表、索引和簇

audit any：为任意的数据库对象设置审计选项

audit system：允许系统操作审计

backup any table：备份任意表的权限

become user：切换用户状态的权限

commit any table：提交表的权限

create any cluster：为任意用户创建簇的权限

create any index：为任意用户创建索引的权限

create any procedure：为任意用户创建存储过程的权限

create any sequence：为任意用户创建序列的权限

create any snapshot：为任意用户创建快照的权限

create any synonym：为任意用户创建同义词的权限

create any table：为任意用户创建表的权限

create any trigger：为任意用户创建触发器的权限

create any view：为任意用户创建视图的权限

create cluster：为用户创建簇的权限

create database link：为用户创建数据库链路的权限

create procedure：为用户创建存储过程的权限

create profile：创建资源限制简表的权限

create public database link：创建公共数据库链路的权限

create public synonym：创建公共同义词的权限

create role：创建角色的权限

create rollback segment：创建回滚段的权限

create session：创建会话的权限

create sequence：为用户创建序列的权限

create snapshot：为用户创建快照的权限

create synonym：为用户创建同义词的权限

create table：为用户创建表的权限

create tablespace：创建表空间的权限

create user：创建用户的权限

create view：为用户创建视图的权限

delete any table：删除任意表行的权限

delete any view：删除任意视图行的权限

delete snapshot：删除快照中行的权限

delete table：为用户删除表行的权限

delete view：为用户删除视图行的权限

drop any cluster：删除任意簇的权限

drop any index：删除任意索引的权限

drop any procedure：删除任意存储过程的权限

drop any role：删除任意角色的权限

drop any sequence：删除任意序列的权限

drop any snapshot：删除任意快照的权限

drop any synonym：删除任意同义词的权限

drop any table：删除任意表的权限

drop any trigger：删除任意触发器的权限

drop any view：删除任意视图的权限

drop profile：删除资源限制简表的权限

drop public cluster：删除公共簇的权限

drop public database link：删除公共数据链路的权限

drop public synonym：删除公共同义词的权限

drop rollback segment：删除回滚段的权限

drop tablespace：删除表空间的权限

drop user：删除用户的权限

execute any procedure：执行任意存储过程的权限

execute function：执行存储函数的权限

execute package：执行存储包的权限

execute procedure：执行用户存储过程的权限

force any transaction：管理未提交的任意事务的输出权限

force transaction：管理未提交的用户事务的输出权限

grant any privilege：授予任意系统特权的权限

grant any role：授予任意角色的权限

index table：给表加索引的权限

insert any table：向任意表中插入行的权限

insert snapshot：向快照中插入行的权限

insert table：向用户表中插入行的权限

insert view：向用户视图中插入行的权限

lock any table：给任意表加锁的权限

manager tablespace：管理（备份可用性）表空间的权限

references table：参考表的权限

restricted session：创建有限制的数据库会话的权限

select any sequence：查询任意序列的权限

select any table：查询任意表的权限

select snapshot：查询快照的权限

select sequence：查询用户序列的权限

select table：查询用户表的权限

select view：查询视图的权限

unlimited tablespace：对表空间大小不加限制的权限

update any table：更新任意表中行的权限

update snapshot：更新快照中行的权限

update table：更新用户表中行的权限

update view：更新视图中行的权限

学习单元 2　权限的赋予及回收

学习目标

➢ 了解权限

➢ 掌握权限赋予、回收权限、权限查询方法

知识要求

权限是指用户对访问数据库所具有的权力，比如最基本的登录数据库的权限，对数据库中的对象进行增加、删除、修改及查询的权限。对于权限可以按如下种类进行划分：

- 系统权限：允许用户建立、修改数据库权限范围内的参数，以及建立、修改和删除数据库结构的权限。
- 对象权限：用户在权限范围内允许创建、修改、删除和访问对象的权限。

技能要求

一、权限赋予

1. 赋予系统权限

通过 GRANT 命令向用户或角色赋予系统权限，对于赋予权限的用户，需要具有被赋予权限的“ADMIN OPTION”的系统权限或者赋予权限的用户具有“GRANT ANY PRIVILEGE”权限。语法格式如下：

```
GRANT(system_priv | role)[,…]
TO(user | role | PUBLIC)[,…]
[WITH ADMIN OPTION];
```

说明：

- system_ priv：为要赋予的权限。
- role：为要赋予的角色。
- user：为要赋予的用户名。
- PUBLIC：表示将系统权限或角色赋予所有用户。
- WITH ADMIN OPTION：允许用户或角色将该权限赋予其他用户或角色。

下面将举例说明。

【例4—7】 使用DBA用户将创建会话的权限（CREATE SESSION）赋予TEST1用户，并且使该用户具有赋予该权限给其他用户的权限，使其具有登录数据库的权限，代码执行情况如下：

```
SQL >conn test1/test1@px          使用TEST1用户进行数据库登录
ERROR:
ORA -01045:user TEST1 lacks CREATE SESSION privilege; logon denied


警告:您不再连接到 ORACLE。
SQL >conn /as sysdba
已连接。                            显示当前登录用户
SQL >show user
USER 为 "SYS"
SQL >select grantee,privilege,admin_option
  2  from dba_sys_privs
  3  where grantee ='TEST1';        查询TEST1用户是否有create session权限

未选定行
                                    赋予权限
SQL >grant create session to test1 with admin option;

授权成功。
```

```
SQL >select grantee,privilege,admin_option
  2  from dba_sys_privs
  3  where grantee ='TEST1';
```

再次查询TEST1时已经具有连接数据库的权限

```
GRANTEE                                                   PRIVILEGE
ADM ------------------------------ --------------------- ----
TEST1                                               CREATE SESSION
YES
SQL >conn test1 /test@px
已连接。
SQL >show user
USER 为 "TEST1 "
```

更换test1用户登录，已经能进行数据库登录

从本例中可以看到，最初 TEST1 用户不具备登录数据库的权限，通过使用 DBA 权限的用户进行登录，并查询字典表，看到 TEST1 用户具备了登录数据库的权限及赋予其他用户登录的权限。

【例 4—8】 使用例 4—7 的 TEST1 用户对 USER1 用户赋予登录数据库的权限，但 USER1用户不具备赋予其他用户登录的权限，并使用 USER1 用户对 GUEST1 用户赋予登录数据库权限操作，代码执行情况如下：

```
SQL >conn user1 /user1@ px
ERROR:
ORA -01045:user USER1 lacks CREATE SESSION privilege; logon denied

警告:您不再连接到 ORACLE。
SQL >conn guest1 /guest1@ px
ERROR:
ORA - 01045: user  GUEST1  lacks  CREATE  SESSION  privilege;  logon
denied
```

```
SQL > conn test1 /test1@ px
已连接。
SQL > show user
USER 为 "TEST1 "
SQL > grant create session to user1;

授权成功。

SQL > conn user1 /user1@ px
已连接。
SQL > show user
USER 为 "USER1 "
SQL > grant create session to guest1;
grant create session to guest1
 *
第 1 行出现错误：
ORA - 01031：权限不足

SQL >
```

从上面的代码执行情况可以看到，由于 TEST1 用户具备赋予其他用户登录数据库的权限，所以能将登录权限赋予给 USER1 用户，但是 USER1 用户不具备赋予其他用户登录数据库的权限，所以当使用 GRANT 命令时，Oracle 会提示用户权限不足。

2. 赋予对象权限

对象权限允许用户在指定模式对象上执行特定的操作，不同类型的对象具有不同的对象权限。语法格式如下：

```
GRANT
(object_priv | ALL[PRIVILEGES])[(column[,…])][,…]
ON
```

```
[[schema.]object | DIRECTORY directory_object]
TO
(user | role |PUBLIC)
[WITH GRANT OPTION];
```

说明：

- object_ priv：为要赋予的对象权限。
- ALL [PRIVILEGES]：赋予对象的所有特权，注意授权用户需要具有 GRANT OPTION 权限，对于对象的所有者是自动拥有该权限。
- column：指定被赋予的表或视图的列名，注意，在赋予 INSERT、REFERENCES 或者 UPDATE 权限时可以指定列，未指定具体列的情况下被赋予权限的用户具有指定权限。
- schema：被赋予用户的模式名。
- object：被赋予用户的对象名。
- user：被赋予的用户名。
- role：被赋予的角色名。
- PUBLIC：表示将系统权限或角色赋予所有用户。
- WITH ADMIN OPTION：允许用户或角色将该权限赋予其他用户或角色。

下面将举例说明。

【例 4—9】 在 TEST1 用户模式下有一张 TABLE1 表，将该表的查询、增加、修改和删除的权限赋予 USER1 用户，代码执行情况如下：

```
SQL >conn user1 /user1
已连接。
SQL >show user
USER 为 "USER1 "
SQL >select * from test1.table1;
select * from test1.table1
                    *
第 1 行出现错误:
```

```
ORA - 00942:表或视图不存在


SQL > conn test1 /test1@ px
已连接。
SQL > show user
USER 为 "TEST1 "
SQL > grant select,insert,update,delete on test1.table1 to user1;

授权成功。

SQL > desc table1
名称                              是否为空？     类型
------------------------------- ---------- ----------
ID                                              NUMBER

SQL > conn user1 /user1@ px
已连接。
SQL > show user
USER 为 "USER1 "
SQL > desc test1.table1
名称                              是否为空？     类型
------------------------------- ---------- ----------
ID                                              NUMBER

SQL > select * from test1.table1;

未选定行

SQL > insert into test1.table1 values(1);
```

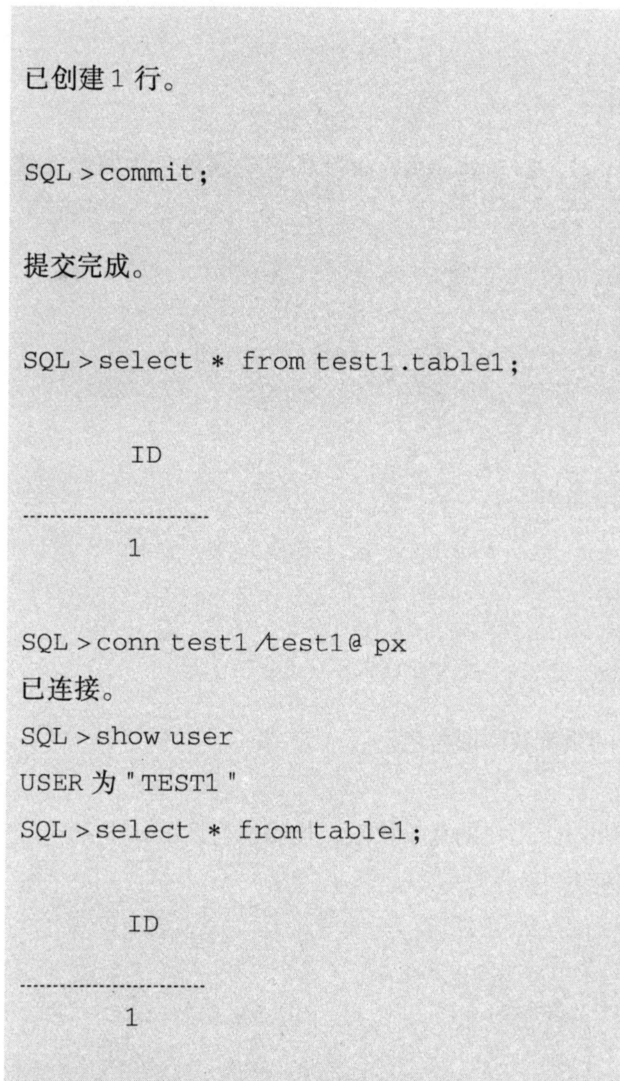

```
已创建1行。

SQL>commit;

提交完成。

SQL>select * from test1.table1;

        ID
----------
         1

SQL>conn test1/test1@px
已连接。
SQL>show user
USER为"TEST1"
SQL>select * from table1;

        ID
----------
         1

SQL>
```

从上面的执行情况可以看到，首先使用USER1用户登录数据库后查询TEST1用户模式下的TABLE1时，由于权限不足，Oracle提示用户“表或视图不存在”。然后使用TEST1用户登录数据库并将TABLE1表的查询、增加、更新和删除权限赋予USER1用户，接着使用USER1用户就能对TEST1用户模式下的TABLE1进行查询、增加、修改和删除的操作。

二、回收权限

1. 回收系统权限

当用户不再需要某些系统权限时，可以通过 REVOKE 命令从用户或角色中回收系统权限。语法格式如下：

```
REVOKE
(system_priv | role)[,…]
FROM
(user | role | PUBLIC)[,…];
```

说明：

- system_ priv：为要回收的权限。
- role：为要回收的角色。
- user：为要回收的用户名。
- PUBLIC：表示将回收所有用户的系统权限或角色。

下面将举例说明。

【例 4—10】 使用 DBA 用户回收 USER1 用户的登录权限，代码执行情况如下：

```
SQL >conn user1 /user1@ px
已连接。
SQL >show user
USER 为 "USER1 "
SQL >conn /as sysdba
已连接。
SQL >show user
USER 为 "SYS "
SQL >revoke create session from user1;

撤销成功。
```

```
SQL > conn user1/user1@ px
ERROR:
ORA -01045:user USER1 lacks CREATE SESSION privilege; logon denied


警告:您不再连接到 ORACLE。
SQL >
```

从上面的代码执行情况里可以看到，回收 CREATE SESSION 权限后，UESR1 用户不再具有登录数据库的权限。

2. 回收对象权限

使用 REVOKE 命令从用户或角色中回收对象权限，语法格式如下：

```
REVOKE
(object_priv|ALL[PRIVILEGES])[,…]
ON
[[schema.]object | DIRECTORY directory_object]
FROM
(user | role |PUBLIC)[,…][CASCADE CONSTRAINTS][FORCE];
```

说明：

- object_ priv：为要回收的对象权限。
- ALL [PRIVILEGES]：回收对象的所有特权。
- user：回收的用户名。
- role：回收的角色名。
- PUBLIC：表示将回收所有用户的对象权限。
- CASCADE CONSTRAINTS：回收被回收用户赋予其他用户或角色的权限。
- FORCE：回收用户定义类型对象上的 EXECUTE 对象的权限。

下面将举例说明。

【例 4—11】 回收 USER1 用户对 TEST1 用户下 TABLE1 表的查询、增加、修改和删除的权限，代码执行情况如下：

```
SQL >conn user1/user1@ px
已连接。
SQL >show user
USER 为"USER1"
SQL >select * from test1.table1;

        ID
----------
         1

SQL >conn test1/test1@ px
已连接。
SQL >revoke select,insert,update,delete on table1 from user1;

撤销成功。

SQL >show user
USER 为"TEST1"
SQL >conn user1/user1@ px
已连接。
SQL >show user
USER 为"USER1"
SQL >select * from test1.table1;
select * from test1.table1
                    *
第 1 行出现错误:
ORA -00942:表或视图不存在
```

从上面的执行情况可以看到，当 TEST1 用户回收了 USER1 用户对 TABLE1 表的查询权限后，USER1 再对 TEST1 用户的 TABLE1 表进行查询时，Oracle 会提示用户“表或视图不存在”。

三、权限查询

数据库管理员要想知道一个用户或角色拥有哪些权限，可以通过 Oracle 提供的字典表进行查询，下面列出了查询相应权限的字典表。

1. 角色权限查询字典表

对于角色权限，Oracle 提供了以下三张字典表：

（1）ROLE_TAB_PRIVS：包含了赋予角色的对象权限。

（2）ROLE_ROLE_PRIVS：包含了赋予另一角色的角色。

（3）ROLE_SYS_PRIVS：包含了赋予角色的系统权限。

2. 系统权限查询字典表

对于系统权限，Oracle 提供了以下三张字典表：

（1）DBA_TAB_PRIVS：包含了赋予用户的对象权限。

（2）DBA_ROLE_PRIVS：包含了赋予用户的角色。

（3）DBA_SYS_PRIVS：包含了赋予用户的系统权限。

3. 非管理员用户权限查询字典表

对于非管理员的用户，想要了解本用户具有什么样的权限，可以通过下面三张字典表进行查询：

（1）USER_TAB_PRIVS：包含了赋予用户的对象权限。

（2）USER_ROLE_PRIVS：包含了赋予用户的角色。

（3）USER_SYS_PRIVS：包含了赋予用户的系统权限。

学习单元 3　创建、修改、删除角色

学习目标

➢ 了解角色

➢ 掌握创建、修改、删除、启用自定义角色

➤ 掌握预定义角色

技能要求

Oracle 角色是对用户权限的一个集合的命名分组，当数据库较小、访问数据库的用户不多的时候，对用户在每个表上要求的特定访问进行授权是不需要耗费多少时间的事情。但是，随着数据库对象的增加以及用户数量的增大，数据库的维护将会成为很麻烦的事情。在实际的权限分配方案中，人们通常通过运用角色来解决相关问题。一般是由 DBA 为数据库定义一系列的角色，然后再由 DBA 将权限分配给基于这些角色的用户。

权限可以划分为系统预定义角色和用户角色两种，下面将分别讲解这两种角色。

技能要求

一、自定义角色

1. 创建角色

创建用户角色的方法是通过 SQL 命令进行用户创建，创建角色的语法格式如下：

```
CREATE ROLE 角色名称
[NOT IDENTIFIED]
[IDENTIFIED BY password | EXTERNALLY | GLOBALLY]
```

说明：

- NOT IDENTIFIED：该角色由数据库授权，不需要口令使该角色生效。
- IDENTIFIED：在用 SET ROLE 语句使该角色生效之前，必须用指定的方法来授权一个用户。
- BY password：创建一个局部用户，在使角色生效之前，用户必须指定 password 定义的口令；口令只能是数据库字符集中的单字节字符。
- EXTERNALLY：创建一个外部用户，在使角色生效之前，必须由外部服务（如操作系统）来授权用户。
- GLOBALLY：创建一个全局用户，在利用 SET ROLE 语句使角色生效前或在登录时，用户必须由企业目录服务授权使用该角色。

通常建立角色有以下两个目的：

- 为数据库应用程序管理权限。
- 为用户组管理权限。

在了解建立角色的目的后，下面将举例讲解如何创建角色。例如，创建一个新角色，该角色名为 MYROLE，并给该角色赋予创建会话的权限、创建表的权限、创建视图的权限以及创建存储过程的权限，代码执行情况如下：

```
SQL >create role myrole;

角色已创建。

SQL >grant create session to myrole;

授权成功。

SQL >grant create table to myrole;

授权成功。

SQL >grant create view to myrole;

授权成功。

SQL >grant create procedure to myrole;

授权成功。

SQL >
```

2. 修改角色

当自定义角色的属性发生变更时，可以通过 ALTER ROLE 命令进行属性的修改，修改角色的语法格式如下：

```
ALTER ROLE role_name
[NOT IDENTIFIED]
[IDENTIFIED BY password | EXTERNALLY | GLOBALLY]
```

说明：

- NOT IDENTIFIED：该角色由数据库授权，不需要口令使该角色生效。
- IDENTIFIED：在用 SET ROLE 语句使该角色生效之前，必须用指定的方法来授权一个用户。
- BY password：创建一个局部用户，在使角色生效之前，用户必须指定 password 定义的口令；口令只能是数据库字符集中的单字节字符。
- EXTERNALLY：创建一个外部用户，在使角色生效之前，必须由外部服务（如操作系统）来授权用户。
- GLOBALLY：创建一个全局用户，在利用 SET ROLE 语句使角色生效前或在登录时，用户必须由企业目录服务授权使用该角色。

上面的语法说明了 Oracle 允许对角色进行口令的修改及口令的验证方式，下面将举例说明。

【例 4—12】 将 MYROLE 角色修改为需要口令验证，验证的口令为 oracle，代码执行情况如下：

```
SQL >alter role myrole identified by oracle;

角色已丢弃。

SQL >
```

3. 删除角色

当用户角色不再有用时，可以通过 SQL 命令删除角色，在删除角色时，Oracle 会从该角色授予的用户以及其他角色中回收被删除的角色，并从数据库中删除，语法如下：

```
DROP ROLE 角色名
```

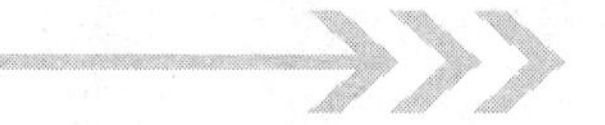

例如，删除 MYROLE 用户角色，代码执行情况如下：

```
SQL >drop role myrole;

角色已删除。

SQL >
```

4. 启用角色

对于设置了口令验证的角色，在使用时需要对用户进行角色启用或禁用的操作，启用角色后被启用的用户将能使用该角色的权限，语法如下：

```
SET ROLE 角色名
```

例如，用户 myuser 具有 myrole 的用户角色，该角色具有创建表的权限，当角色 myrole 不启用时不能创建表，当角色 myrole 启用后才能使用创建表的权限，代码执行情况如下：

```
SQL >conn myuser
输入口令:
已连接。
SQL >set role none; - -关闭当前用户下的所有角色

角色集

SQL >create table test(id number(10),name varchar2(30))tablespace
users;
create table test(id number(10),name varchar2(30))tablespace
users
*
第 1 行出现错误:
```

```
ORA-01031:权限不足

SQL>set role myrole identified by myrolepwd; --启动myrole角色

角色集

SQL>create table test(id number(10),name varchar2(30))tablespace users;

表已创建。

SQL>
```

二、预定义角色

Oracle 10g 中预定义角色可以通过字典表 DBA_ROLES 进行查询，在实例创建后系统将会自动创建一些预定义角色，由于各个版本的预定义角色会有所不同，下面是在 Oracle 10g 版本为 10.2.0.1.0 里查询到的预定义角色。

```
连接到:
Oracle Database 10g Enterprise Edition Release 10.2.0.1.0 - Production
With the Partitioning,OLAP and Data Mining options

SQL>select * from dba_roles;

ROLE                          PASSWORD
----------------------------- ---------
CONNECT                          NO
RESOURCE                         NO
DBA                              NO
SELECT_CATALOG_ROLE              NO
```

```
EXECUTE_CATALOG_ROLE             NO
DELETE_CATALOG_ROLE              NO
EXP_FULL_DATABASE                NO
IMP_FULL_DATABASE                NO
RECOVERY_CATALOG_OWNER           NO
GATHER_SYSTEM_STATISTICS         NO
LOGSTDBY_ADMINISTRATOR           NO
AQ_ADMINISTRATOR_ROLE            NO
AQ_USER_ROLE                     NO
GLOBAL_AQ_USER_ROLE              GLOBAL
SCHEDULER_ADMIN                  NO
HS_ADMIN_ROLE                    NO
AUTHENTICATEDUSER                NO
OEM_ADVISOR                      NO
OEM_MONITOR                      NO
WM_ADMIN_ROLE                    NO
JAVAUSERPRIV                     NO
JAVAIDPRIV                       NO
JAVASYSPRIV                      NO
JAVADEBUGPRIV                    NO
EJBCLIENT                        NO
JAVA_ADMIN                       NO
JAVA_DEPLOY                      NO
CTXAPP                           NO
XDBADMIN                         NO
XDBWEBSERVICES                   NO
OLAP_DBA                         NO
OLAP_USER                        NO
MGMT_USER                        NO
```

```
已选择33 行。

SQL >
```

下面列出了常用的预定义角色：

1. DBA：几乎所有系统权限以及部分角色。

2. SELECT_CATALOG_ROLE：所有目录的表和视图的 SELECT 权限，未被授予任何系统权限。

3. DELETE_CATALOG_ROLE：所有数据字典程序包、过程与函数上的对象DELETE 权限。

4. EXECUTE_CATALOG_ROLE：所有数据字典程序包上的 EXECUTE 权限。

5. EXP_FULL_DATABASE：从数据库中导出数据时查询任何表或序列，执行任何过程或类型以及修改数据字典对象权限。

6. IMP_FULL_DATEBASE：执行导入时，在数据库内除了 SYS 模式之外的任何模式中创建对象的权限。

7. CONNECT：被授予 CREATE SESSION 权限。

8. RESOURCE：被授予 CREATE SEQUENCE、CREATE TRIGGER、CREATE CLUSTER、CREATE PROCEDURE、CREATE TYPE、CREATE OPERATOR、CREATE TABLE、CREATE INDEXTYPE 权限。

第 2 节 数据库备份和还原

学习单元 1 数据库备份

学习目标

➤ 了解数据库备份概念及策略

➢ 了解在线日志和归档日志

➢ 了解 Oracle 的备份特性

知识要求

一、数据库备份概述

1．数据库备份概念

随着办公自动化和电子商务的飞速发展，企业对信息系统的依赖性越来越高，数据库作为信息系统的核心，担当着重要的角色。尤其在一些对数据可靠性要求很高的行业里，如银行、证券、电信等行业中，如果发生意外造成停机或数据丢失，其损失会十分惨重。为此，数据库管理员应针对具体的业务要求，制定详细的数据库备份与灾难恢复策略，并通过故障模拟，对每种可能的情况进行严格测试，只有这样才能保证数据的高可用性。数据库的备份是一个长期的过程，而恢复只在发生事故后进行，恢复可以看做是备份的逆过程，恢复程度的好坏在很大程度上依赖于备份的情况。此外，数据库管理员在恢复时采取的步骤正确与否，也直接影响到最终的恢复结果。

2．数据库备份策略

Oracle 是关系型数据库管理系统，它的功能强大，性能卓越，在当今大型数据库管理系统中占有重要地位。在正常情况下，Oracle 数据库会保证数据的安全、稳定，为用户提供正确的数据，但由于计算机系统的故障（硬件故障、软件故障、网络故障和系统故障）会影响数据库系统的操作，影响数据库中数据的正确性，甚至破坏数据库，使数据库中的全部或部分数据丢失，导致整个系统都将处于瘫痪状态。因此，如何保证 Oracle 数据库的安全，就成为整个应用系统安全的重要组成部分。

二、备份策略

Oracle 数据库的安全策略包括数据库的备份和恢复、用户角色管理。

1．数据库备份所使用的结构

Oracle 数据库使用几种结构来保护数据：数据库后备、日志、回滚段和控制文件。

（1）数据库后备是由构成 Oracle 数据库的物理文件的操作系统后备所组成。当介质故障时进行数据库恢复，利用后备文件恢复毁坏的数据文件或控制文件。

（2）每一个 Oracle 数据库实例都提供日志，记录数据库中所做的全部修改。每一个运行的 Oracle 数据库实例相应地有一个在线日志，它与 Oracle 后台进程 LGWR 一起工作，立即记录该实例所做的全部修改。归档（离线）日志是可选择的，一个 Oracle 数据库实例一且在线日志填满后，可形成在线日志归档文件。归档的在线日志文件被唯一标识并合并成归档日志。

（3）回滚段用于存储正在进行的事务（为未提交的事务）所更新值的原值，该信息在数据库恢复过程中用于撤销任何非提交的修改。

（4）控制文件一般用于存储数据库的物理结构的状态。控制文件中某些状态信息在实例恢复和介质恢复期间用于引导 Oracle。

2. 在线日志

一个 Oracle 数据库的每一实例有一个相关联的在线日志。一个在线日志由多个在线日志文件组成。在线日志文件（Online Redo Log File）填入日志项（Redo Entry），日志项记录的数据用于重构对数据库所做的全部修改。

3. 归档日志

（1）归档日志的作用。Oracle 要将填满的在线日志文件组归档时，则要建立归档日志（Archived Redo Log）。其对数据库备份和恢复有下列用处：

1）数据库后备以及在线和归档日志文件在操作系统和磁盘故障中可保证全部提交的事务被恢复。

2）在数据库打开和系统正常使用下，如果归档日志永久保存，在线后备可以进行和使用。

（2）不同运行方式下的日志归档。Oracle 数据库可运行在两种不同方式下：

1）NOARCHIVELOG 方式。在循环重用前填满的联机日志文件不被存档，即非归档模式。

2）ARCHIVELOG 方式。在被循环重用前对填满的联机日志文件进行存档，即归档模式。

数据库在 NOARCHIVELOG 方式下使用时，不能进行在线日志的归档。如果数据库在 ARCHIVELOG 方式下运行，可实施在线日志的归档。

三、Oracle 的备份特性

Oracle 备份包括逻辑备份和物理备份。

1. 逻辑备份

数据库的逻辑备份包含读一个数据库记录集和将记录集写入文件。

（1）输出（Export）。输出可以是整个数据库、指定用户或指定表。

（2）输入（Import）。输入将输出建立的二进制转储文件读入并执行其命令。

2. 物理备份

物理备份包含复制构成数据库的文件，而不考虑数据库内部的逻辑内容。

Oracle 支持两种不同类型的物理文件备份：脱机备份（Offline Backup）和联机备份（Online Backup）。

（1）脱机备份。脱机备份用在当数据库已正常关闭，数据库处于“offline”时，要备份下列文件：

- 所有数据文件
- 所有控制文件
- 所有联机日志
- init. ora

（2）联机备份。联机备份可用来备份任何运作在 ARCHIVELOG 方式下的数据库。在这种方式下，联机日志被归档，在数据库内部建立一个所有作业的完整记录。

联机备份过程具备强有力的功能：第一，提供了完全的时间点（Point - in - time）恢复；第二，在文件系统备份时允许数据库保持打开状态。

归档日志的频率取决于生成的归档日志的数量和大小及归档日志的文件系统的大小。

学习单元 2　Data Pump 备份及恢复

学习目标

➢ 了解 Data Pump

➢ 掌握 Data Pump 导入导出数据语法及其应用

知识要求

对于数据库的数据进行导入或导出，一直以来都是一件令数据库管理员比较头痛的事情，尽管人们常常抱怨导入或者导出数据的速度太慢，在 Oracle 10g 之前的版本中，还是使用一种类似于将数据导出成文本文件，或者将类似于文本文件的数据转换成 INSERT 语句后再进行数据的写入的方法，直到 Oracle 10g 版本开始，对于数据的导入或导出有了一个新的工具，这个工具就是 Oracle Data Pump，这个工具设计成能以成倍的速度进行数据的导入或导出。Data Pump 反映了整个导入或导出工具的革新，它不是使用常见的 SQL 命令，而是应用专用 API 来以更快的速度加载和卸载数据。

Data Pump 提供了一种基于服务器的数据导入（Data Pump Import）或数据导出（Data Pump Export）的程序（在 Oracle 10g 之前的版本导出导入分别使用 exp 工具和 imp 工具），Data Pump 和 Oracle 10g 之前的导入或导出工具保持相似的操作风格，还是可以通过命令进行操作。下面将详细地讲解 Data Pump 工具的使用方法。

技能要求

Data Pump 应用实例

1. 导出数据语法

数据泵导出实用程序提供了一种用于在 Oracle 数据库之间传输数据对象的机制，导出命令为 expdp，执行导出的命令如下：

expdp scott/tiger DUMPFILE = scott.dmp DIRECTORY = dmpdir SCHEMAS = scott

具体的命令可以查看命令帮助信息，获取帮助的方法是在命令行里加入 help = y 的参数，执行后获得如下的帮助信息：

```
[oracle@ localhost ~ ] $expdp help =y

Export:Release 10.2.0.1.0 - Production on 星期一,21 12 月,2012 12:12:21

Copyright(c)2003,2005,Oracle.  All rights reserved.

数据泵导出实用程序提供了一种用于在 Oracle 数据库之间传输数据对象的机制。该实用程序可以使用以下命令进行调用:

示例:expdp scott/tiger DIRECTORY = dmpdir DUMPFILE = scott.dmp
```

用户可以控制导出的运行方式。具体方法是：在 'expdp' 命令后输入各种参数。要指定各参数，请使用关键字。

格式如下：

expdp KEYWORD = value 或 KEYWORD = (value1,value2,...,valueN)

示例：

expdp scott/tiger DUMPFILE = scott.dmp DIRECTORY = dmpdir SCHEMAS = scott 或 TABLES = (T1:P1,T1:P2)，如果 T1 是分区表，USERID 必须是命令行中的第一个参数。

关键字	说明(默认)
ATTACH	连接到现有作业，例如 ATTACH[= 作业名]。
COMPRESSION	减小有效的转储文件内容的大小 关键字值为：(METADATA_ONLY) 和 NONE。
CONTENT	指定要卸载的数据，其中有效关键字为： (ALL)、DATA_ONLY 和 METADATA_ONLY。
DIRECTORY	供转储文件和日志文件使用的目录对象。
DUMPFILE	目标转储文件(expdat.dmp)的列表， 例如，DUMPFILE = scott1.dmp, scott2.dmp, dmpdir:scott3.dmp。
ENCRYPTION_PASSWORD	用于创建加密列数据的口令关键字。
ESTIMATE	计算作业估计值，其中有效关键字为：(BLOCKS) 和 STATISTICS。
ESTIMATE_ONLY	在不执行导出的情况下计算作业估计值。
EXCLUDE	排除特定的对象类型，例如，EXCLUDE = TABLE:EMP。
FILESIZE	以字节为单位指定每个转储文件的大小。
FLASHBACK_SCN	用于将会话快照设置回以前状态的 SCN。
FLASHBACK_TIME	用于获取最接近指定时间的 SCN 的时间。
FULL	导出整个数据库(N)。
HELP	显示帮助消息(N)。

```
INCLUDE                     包括特定的对象类型,例如,INCLUDE = TABLE_DATA。
JOB_NAME                    要创建的导出作业的名称。
LOGFILE                     日志文件名(export.log)。
NETWORK_LINK                链接到源系统的远程数据库的名称。
NOLOGFILE                   不写入日志文件(N)。
PARALLEL                    更改当前作业的活动 worker 的数目。
PARFILE                     指定参数文件。
QUERY                       用于导出表的子集的谓词子句。
SAMPLE                      要导出的数据的百分比。
SCHEMAS                     要导出的方案的列表(登录方案)。
STATUS                      在默认值(0) 将显示可用时的新状态的情况下,
                            要监视的频率(以秒计) 作业状态。
TABLES                      标识要导出的表的列表——只有一个方案。
TABLESPACES                 标识要导出的表空间的列表。
TRANSPORT_FULL_CHECK        验证所有表的存储段(N)。
TRANSPORT_TABLESPACES       要从中卸载元数据的表空间的列表。
VERSION                     要导出的对象的版本,其中有效关键字为:
                            (COMPATIBLE)、LATEST 或任何有效的数据库版本。

下列命令在交互模式下有效。
注:允许使用缩写

命令                        说明
------------------------------------------------------------------------------
ADD_FILE                    向转储文件集中添加转储文件。
CONTINUE_CLIENT             返回到记录模式。如果处于空闲状态,将重新启动作
                            业。
EXIT_CLIENT                 退出客户机会话并使作业处于运行状态。
FILESIZE                    后续 ADD_FILE 命令的默认文件大小(字节)。
```

```
HELP                      总结交互命令。
KILL_JOB                  分离和删除作业。
PARALLEL                  更改当前作业的活动 worker 的数目。
                          PARALLEL = <worker 的数目>。
START_JOB                 启动/恢复当前作业。
STATUS                    在默认值(0)将显示可用时的新状态的情况下,
                          要监视的频率(以秒计)作业状态。
                          STATUS[ =interval]
STOP_JOB                  顺序关闭执行的作业并退出客户机。
                          STOP_JOB = IMMEDIATE 将立即关闭
                          数据泵作业。
```

2. 导入数据语法

数据泵导入实用程序提供了一种用于在 Oracle 数据库之间传输数据对象的机制，导入命令为 impdp，执行导出的命令如下：

```
impdp scott/tiger DIRECTORY = dmpdir DUMPFILE = scott.dmp
```

具体的命令可以查看命令帮助信息，获取帮助的方法是在命令行里加入 help = y 的参数，执行后获得如下的帮助信息：

```
[oracle@ localhost ~] $ impdp help = y

Import:Release 10.2.0.1.0 - Production on 星期五,21 12 月,2012 12:12:21

Copyright(c)2003,2005,Oracle.  All rights reserved.

数据泵导入实用程序提供了一种用于在 Oracle 数据库之间传输数据对象的机制。该实
用程序可以使用以下命令进行调用:

示例:impdp scott/tiger DIRECTORY = dmpdir DUMPFILE = scott.dmp
```

```
用户可以控制导入的运行方式。具体方法是:在'impdp'命令后输入各种参数。要指定各
参数,请使用关键字:

格式:impdp KEYWORD=value 或 KEYWORD=(value1,value2,...,valueN)
示例:impdp scott/tiger DIRECTORY=dmpdir DUMPFILE=scott.dmp

USERID 必须是命令行中的第一个参数。

关键字                      说明(默认)
------------------------------------------------------------
ATTACH                     连接到现有作业,例如,ATTACH[=作业名]。
CONTENT                    指定要加载的数据,其中有效关键字为:
                           (ALL)、DATA_ONLY 和 METADATA_ONLY。
DIRECTORY                  供转储文件、日志文件和 sql 文件使用的目录对象。
DUMPFILE                   要从(expdat.dmp)中导入的转储文件的列表,
                           例如,DUMPFILE=scott1.dmp,scott2.dmp,dmpdir:
                           scott3.dmp。
ENCRYPTION_PASSWORD        用于访问加密列数据的口令关键字。
                           此参数对网络导入作业无效。
ESTIMATE                   计算作业估计值,其中有效关键字为:
                           (BLOCKS)和 STATISTICS。
EXCLUDE                    排除特定的对象类型,例如,EXCLUDE=TABLE:EMP。
FLASHBACK_SCN              用于将会话快照设置回以前状态的 SCN。
FLASHBACK_TIME             用于获取最接近指定时间的 SCN 的时间。
FULL                       从源导入全部对象(Y)。
HELP                       显示帮助消息(N)。
INCLUDE                    包括特定的对象类型,例如,INCLUDE=TABLE_DATA。
JOB_NAME                   要创建的导入作业的名称。
LOGFILE                    日志文件名(import.log)。
NETWORK_LINK               链接到源系统的远程数据库的名称。
```

```
NOLOGFILE              不写入日志文件。
PARALLEL               更改当前作业的活动 worker 的数目。
PARFILE                指定参数文件。
QUERY                  用于导入表的子集的谓词子句。
REMAP_DATAFILE         在所有 DDL 语句中重新定义数据文件引用。
REMAP_SCHEMA           将一个方案中的对象加载到另一个方案。
REMAP_TABLESPACE       将表空间对象重新映射到另一个表空间。
REUSE_DATAFILES        如果表空间已存在,则将其初始化(N)。
SCHEMAS                要导入的方案的列表。
SKIP_UNUSABLE_INDEXES  跳过设置为无用索引状态的索引。
SQLFILE                将所有的 SQL DDL 写入指定的文件。
STATUS                 在默认值(0)将显示可用时的新状态的情况下,
                       要监视的频率(以秒计)作业状态。
STREAMS_CONFIGURATION  启用流元数据的加载。
TABLE_EXISTS_ACTION    导入对象已存在时执行的操作。
                       有效关键字:(SKIP),APPEND,REPLACE 和 TRUNCATE。
TABLES                 标识要导入的表的列表。
TABLESPACES            标识要导入的表空间的列表。
TRANSFORM              要应用于适用对象的元数据转换。
                       有效的转换关键字:SEGMENT_ATTRIBUTES,STORAGE
                       OID 和 PCTSPACE。
TRANSPORT_DATAFILES    按可传输模式导入的数据文件的列表。
TRANSPORT_FULL_CHECK   验证所有表的存储段(N)。
TRANSPORT_TABLESPACES  要从中加载元数据的表空间的列表。
                       仅在 NETWORK_LINK 模式导入操作中有效。
VERSION                要导出的对象的版本,其中有效关键字为:
                       (COMPATIBLE),LATEST 或任何有效的数据库版本。
                       仅对 NETWORK_LINK 和 SQLFILE 有效。

下列命令在交互模式下有效。
```

```
注:允许使用缩写

命令                                   说明(默认)
------------------------------------------------------------------------------
CONTINUE_CLIENT                返回到记录模式。如果处于空闲状态,将重新启动
                               作业。
EXIT_CLIENT                    退出客户机会话并使作业处于运行状态。
HELP                           总结交互命令。
KILL_JOB                       分离和删除作业。
PARALLEL                       更改当前作业的活动 worker 的数目。
                               PARALLEL = <worker 的数目>。
START_JOB                      启动/恢复当前作业。
                               START_JOB = SKIP_CURRENT 在开始作业之前将
                               跳过
                               作业停止时执行的任意操作。
STATUS                         在默认值(0)将显示可用时的新状态的情况下,
                               要监视的频率(以秒计) 作业状态。
                               STATUS[ =interval]
STOP_JOB                       顺序关闭执行的作业并退出客户机。
                               STOP_JOB = IMMEDIATE 将立即关闭
                               数据泵作业。
```

3. 具体应用

Oracle Data Pump 是一个运行在数据库内部的工具，并不是一个独立的客户端的应用程序，所以在实际中该工具的部分工作在一定程度上依赖数据库的进程及权限来完成，所以在执行导入或导出时，需要为该工作指定一个工作目录，然后对执行该任务的用户确认是否具备导入或导出操作的权限。

首先，建立 DIRECTORY 对象，对象创建后还需要把该对象的读写权限赋予具体操作的用户，本例中创建一个名为“DUMPDIR”的 DIRECTORY 对象，并将权限赋予 SCOTT 用户，具体操作如下：

```
SQL >CREATE OR REPLACE DIRECTORY dumpdir AS '/tmp';
SQL >GRANT read,write ON DIRECTORY dumpdir TO scott;
```

在完成以上操作后，在终端下执行相应的操作，例如，将“scott. dmp”文件导入数据库中的 scott 用户内，首先把“scott. dmp”文件复制到“/tmp”目录下，复制完成后使用 scott 用户执行数据导入的操作，命令如下：

```
expdp scott/tiger directory = dumpdir dumpfile = scott.dmp
```

等待上面的命令执行完毕后，即完成了一次数据的导入工作。Data Pump 有很多有用的特性，比如可以将导出文件里的数据导入到另外一个表空间里，这样的功能在 Oracle 10g 之前的版本里是不能直接实现的，所以大家可以参考帮助信息来完成相应的导入或导出工作。

学习单元 3　RMAN 备份及恢复

学习目标

- 了解 RMAN 的特点及备份的常用术语
- 能够检查数据库模式
- 能够使用 RMAN 命令
- 能够连接到 target 数据库
- 能够查看备份列表
- 掌握常用备份命令

知识要求

RMAN（Recovery Manager）是 DBA 的一个重要工具，用于备份、还原和恢复 Oracle 数据库，也可以用来执行完全或不完全的数据库恢复。

一、RMAN的特点

1．功能类似物理备份，但比物理备份强大N倍，从下面的特点可以看到。
2．可以压缩空块。
3．可以在块的基础上实现增量。
4．可以把备份的输出打包成备份集，也可以按固定大小分割备份集。
5．备份与恢复的过程可以自动管理。
6．可以使用脚本（存在Recovery Catalog中）。
7．可以做坏块监测。

二、RMAN备份的常用术语

1．Backup sets 备份集

备份集顾名思义就是一次备份的集合，它包含本次备份的所有备份片，以Oracle专有的格式保存。一个备份集根据备份的类型不同，可能构成一个完全备份或增量备份。

2．Backup pieces 备份片

一个备份集由若干个备份片组成。每个备份片是一个单独的输出文件。一个备份片的大小是有限制的，如果没有大小的限制，备份集就只由一个备份片构成。备份片的大小不能大于文件系统所支持文件长度的最大值。

3．Image copies 映像备份

映像备份不压缩、不打包，直接复制独立文件（数据文件、归档日志、控制文件），是类似操作系统级的文件备份。而且只能复制到磁盘，不能复制到磁带。可以作为增量备份的0级，一般用来备份控制文件。

4．Full backup 全备份

全备份是指对数据文件中使用过的数据块进行备份，没有使用过的数据块是不做备份的，也就是说，RMAN备份是进行压缩的。

5．Incremental backup 增量备份

增量备份是指备份数据文件中自从上一次同一级别的或更低级别的备份以来被修改过的数据块。与完全备份相同，增量备份也进行压缩。增量备份虽然备份也很简单，但恢复起来不仅麻烦而且容易出错，所以在实际中越来越少使用，到了Oracle 9i，已经建议不再使用，以后版本会逐渐取消对增量备份的支持。

6．Recovery catalog 恢复目录

恢复目录用于记录RMAN使用过程中的控制信息，恢复目录应该经常被同步（这在后面会讲到）。尽管可以使用 nocatalog 方式来使用 RMAN，此时控制信息记录在目标数据库的控制文件中，但这样毕竟不安全，因为一旦目标数据库的控制文件损坏，就意味着所有的 RMAN 备份失效。同样的道理，恢复目录应该建立在另外一个数据库中。

技能要求

一、检查数据库模式

由于 RMAN 的运行需要，数据库启用了归档模式，所以需要对数据库的归档模式参数进行检查，使用 SYSDBA 权限的用户进行数据库交互模式（SQLPLUS）的登录，登录后使用命令进行查看，检查命令为“archive log list”，当检查到数据库不是运行在归档模式时，必须将运行模式改为归档模式。

下面是命令执行情况：

```
SQL >connect /as sysdba
已连接。
SQL >archive log list
数据库日志模式              非存档模式
自动存档               禁用
存档终点               USE_DB_RECOVERY_FILE_DEST
最早的联机日志序列        17
当前日志序列            19
SQL >shutdown immediate
数据库已经关闭。
已经卸载数据库。
ORACLE 例程已经关闭。
SQL >startup mount
ORACLE 例程已经启动。

Total System Global Area  285212672 bytes
Fixed Size                  1218992 bytes
Variable Size              96470608 bytes
```

```
Database Buffers          184549376 bytes
Redo Buffers                2973696 bytes
数据库装载完毕。
SQL >alter database archivelog;

数据库已更改。

SQL >alter database open;

数据库已更改。

SQL >archive log list;
数据库日志模式              存档模式
自动存档              启用
存档终点              USE_DB_RECOVERY_FILE_DEST
最早的联机日志序列      17
下一个存档日志序列     19
当前日志序列            19
SQL >
```

从上面的执行情况可以看到，该实例运行在非归档模式，所以需要将实例关闭再重新启动到 MOUNT 状态进行模式变更，在变更后打开实例，此时再次查看运行模式，可以看到数据库已经运行在归档模式下。

二、使用 RMAN 命令

RMAN 拥有自己的命令和语法，该命令与 Oracle 数据库紧密配合，完成数据库的备份与恢复操作。该命令运行在操作系统的命令行。

1. RMAN 命令语法

RMAN 命令语法如下：

```
[oracle@ localhost ~]$rman --help

参数          值              说明
-----------------------------------------------------------------
target       加引号的字符串    目标数据库连接字符串
目录          加引号的字符串    恢复目录的连接字符串
nocatalog    无              如果已指定,则没有恢复目录
cmdfile      加引号的字符串    输入命令文件的名称
log          加引号的字符串    输出消息日志文件的名称
跟踪          加引号的字符串    输出调试信息日志文件的名称
append       无              如果已指定,日志将以附加模式打开
debug        可选参数         激活调试
msgno        无              对全部消息显示 RMAN-nnnn 前缀
send         加引号的字符串    将命令发送到介质管理器
pipe         字符串           管道名称的构建块
timeout      整数             等待管道输入的秒数
checksyntax  无              检查命令文件中的语法错误
-----------------------------------------------------------------
单引号和双引号(' 或 ") 均可用于加引号的字符串。
除非字符串中有空格,否则不用引号。
```

2. RMAN 交互模式下的常用命令

RMAN 交互模式下的常用命令如下：

(1) Report 命令。Report 命令可以检测哪些文件需要备份，哪些备份能被删除以及哪些文件能不能获得信息，下面列出了各种报告备份的命令语法：

报告需要备份的数据文件

```
Report need backup[redundancy|days|incremental n];
```

报告过期了的数据文件或者不可用的备份与复制

```
Report obsolete[orphan]
```

报告不能获得或者不能到达的数据文件信息

```
Report unrecoverable[database]
```

（2）List 命令。List 命令一般用来查看备份与复制信息。

如查看备份信息：List backup

查看备份汇总信息：List backup summary

查看文件复制的信息：List copy

（3）Crosscheck 命令。用来检查磁盘或磁带上的备份或复制是否正确，并更新备份或者复制的状态。如果不正确，将标记为 expired（过期）。

```
Crosscheck backup;
Crosscheck archivelog all;
Delete[noprompt]expired backup 命令删除过期备份
```

（4）Delete 命令。Delete 命令可以用来删除指定的备份或者用来删除废弃或者是过期的备份集。如删除指定的备份集与备份片：

```
RMAN >DELETE BACKUPPIECE 101;
RMAN >DELETE CONTROLFILECOPY '/tmp/control01.ctl';
RMAN >DELETE BACKUP OF TABLESPACE users DEVICE TYPE sbt;
```

删除过期或者废弃了的备份：

```
RMAN >DELETE EXPIRED BACKUP;
RMAN >DELETE NOPROMPT OBSOLETE;
RMAN >DELETE OBSOLETE REDUNDANCY =3;
RMAN >DELETE OBSOLETE RECOVERYWINDOWOF 7 DAYS;
```

删除指定的备份归档：

```
RMAN >DELETE NOPROMPTARCHIVELOG UNTIL SEQUENCE =300;
```

三、连接到 target 数据库

在命令行中启动 RMAN，并连接到目标数据，命令执行情况如下：

```
[oracle@ localhost ~]$rman target /

恢复管理器:Release 10.2.0.1.0 -Production on 星期五 12 月 21 12:12:21 2012

Copyright(c) 1982,2005,Oracle.  All rights reserved.
```

```
连接到目标数据库:PX(DBID =1705813033)

RMAN >
```

在操作系统的命令交互模式下执行“rman target /”命令后，进入到了RMAN命令的交互模式，可以从上面的执行情况的最后一行看到“RMAN >”的提示符。在登录到RMAN后系统提示成功登录的数据库，本例中的实例名为“PX”。

四、查看备份列表

进入到RMAN命令交互模式下执行“list backupset;”命令，查看当前实例是否有备份，命令执行情况如下：

```
RMAN >list backupset;

RMAN >
```

由于当前实例没有RMAN备份，所以没有列出任何信息。下面的执行情况是有备份的情况：

```
RMAN >list backupset;


BS 关键字  类型  LV  大小  设备类型  经过时间   完成时间
------- ---- --- ---- ------- -------- --------
1  Full    583.83 M    DISK    00:00:26    21 -12 月 -12
  BP 关键字:1 状态:AVAILABLE  已压缩:NO  标记:TAG20120415T143542
段名: + DISK1 /px /backupset /2012 _12 _21 /nnndf0 _tag20120415t143542 _
0.270.780676543
  备份集 1 中的数据文件列表
```

```
文件  LV  类型  Ckp SCN  Ckp 时间  名称
--- --- ---- ------- -------- ----
1         Full 832687   21-12月-12  +DISK1/px/datafile/system.256.
          774121927
2         Full 832687   21-12月-12  +DISK1/px/datafile/undotbs1.258.
          774121929
3         Full 832687   21-12月-12  +DISK1/px/datafile/sysaux.257.
          774121929
4         Full 832687   21-12月-12  +DISK1/px/datafile/users.259.
          774121929

BS 关键字  类型  LV  大小  设备类型  经过时间  完成时间
------- ---- --- ---- ------- -------- --------
2  Full  6.80 M   DISK    00:00:03    21-12月-12
  BP 关键字:2   状态:AVAILABLE  已压缩:NO  标记:TAG20120415T143542
段名: +DISK1/px/backupset/2012_12_21/ncsnf0_tag20120415t143542_
0.271.780676583
  包括的控制文件:Ckp SCN:832708    Ckp 时间:21-12月-12
  包含的 SPFILE:修改时间:21-12月-12

RMAN>
```

五、常用备份命令

1. 完全备份

使用 RMAN 进行数据库实例的完全备份只需要一个简单的命令，在 RMAN 的命令交互模式内执行“backup database;”，命令执行情况如下：

```
RMAN>backup database;

启动 backup 于 21-12月-12
```

```
分配的通道:ORA_DISK_1
通道 ORA_DISK_1:sid=138 devtype=DISK
通道 ORA_DISK_1:启动全部数据文件备份集
通道 ORA_DISK_1:正在指定备份集中的数据文件
输入数据文件 fno=00001 name=+DISK1/px/datafile/system.256.774121927
输入数据文件 fno=00003 name=+DISK1/px/datafile/sysaux.257.774121929
输入数据文件 fno=00002 name=+DISK1/px/datafile/undotbs1.258.774121929
输入数据文件 fno=00004 name=+DISK1/px/datafile/users.259.774121929
通道 ORA_DISK_1:正在启动段 1 于 21-12 月-12
通道 ORA_DISK_1:已完成段 1 于 21-12 月-12
段句柄=+DISK1/px/backupset/2012_12_21/nnndf0_tag20120415t143542_
0.270.780676543 段句柄=+DISK1/px/backupset/2012_12_21/nnndf0_
tag20120415t143542_0.270.780676543 标记=TAG20120415T143542 注释=
NONE
通道 ORA_DISK_1:备份集已完成,经过时间:00:00:36
通道 ORA_DISK_1:启动全部数据文件备份集
通道 ORA_DISK_1:正在指定备份集中的数据文件
备份集中包括当前控制文件
在备份集中包含当前的 SPFILE
通道 ORA_DISK_1:正在启动段 1 于 21-12 月-12
通道 ORA_DISK_1:已完成段 1 于 21-12 月-12
段句柄=+DISK1/px/backupset/2012_12_21/ncsnf0_tag20120415t143542_
0.271.780676583 段句柄=+DISK1/px/backupset/2012_12_21/ncsnf0_
tag20120415t143542_0.271.780676583 标记=TAG20120415T143542 注释=
NONE
通道 ORA_DISK_1:备份集已完成,经过时间:00:00:05
完成 backup 于 21-12 月-12

RMAN>
```

2. 备份表空间

由于备份的策略不同，有时只需要对表空间进行备份，只需要在 RMAN 的交互模式下指定要备份的表空间就可以进行表空间备份，例如，执行对 SYSTEM 表空间的备份，命令执行情况如下：

```
RMAN >backup tablespace system;

启动 backup 于 21 -12 月 -12
使用通道 ORA_DISK_1
通道 ORA_DISK_1:启动全部数据文件备份集
通道 ORA_DISK_1:正在指定备份集中的数据文件
输入数据文件 fno =00001 name = +DISK1/px/datafile/system.256.774121927
通道 ORA_DISK_1:正在启动段 1 于 21 -12 月 -12
通道 ORA_DISK_1:已完成段 1 于 21 -12 月 -12
段句柄 = +DISK1/px/backupset/2012_12_21/nnndf0_tag20120415t144534_0.272.780677135 段句柄 = +DISK1/px/backupset/2012_12_21/nnndf0_tag20120415t144534_0.272.780677135 标记 = TAG20120415T144534 注释 = NONE
通道 ORA_DISK_1:备份集已完成,经过时间:00:00:35
通道 ORA_DISK_1:启动全部数据文件备份集
通道 ORA_DISK_1:正在指定备份集中的数据文件
备份集中包括当前控制文件
在备份集中包含当前的 SPFILE
通道 ORA_DISK_1:正在启动段 1 于 21 -12 月 -12
通道 ORA_DISK_1:已完成段 1 于 21 -12 月 -12
段句柄 = +DISK1/px/backupset/2012_12_21/ncsnf0_tag20120415t144534_0.273.780677175 段句柄 = +DISK1/px/backupset/2012_12_21/ncsnf0_tag20120415t144534_0.273.780677175 标记 = TAG20120415T144534 注释 = NONE
通道 ORA_DISK_1:备份集已完成,经过时间:00:00:10
```

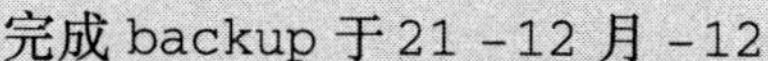


```
完成 backup 于 21 -12 月 -12

RMAN >
```

3. 备份归档日志

由于备份的策略不同，有时只需要对归档日志进行备份，只需要在 RMAN 的交互模式下指定要备份归档日志，命令执行情况如下：

```
RMAN >backup archivelog all;

启动 backup 于 21 -12 月 -12
当前日志已存档
使用通道 ORA_DISK_1
通道 ORA_DISK_1:正在启动存档日志备份集
通道 ORA_DISK_1:正在指定备份集中的存档日志
输入存档日志线程 =1 序列 =19 记录 ID =1 时间戳 =780677260
通道 ORA_DISK_1:正在启动段 1 于 21 -12 月 -12
通道 ORA_DISK_1:已完成段 1 于 21 -12 月 -12
段句柄 = +DISK1 /px /backupset /2012_12_21 /annnf0_tag20120415t144740_0.275.780677263 段句柄 = +DISK1 /px /backupset /2012_12_21 /annnf0_tag20120415t144740_0.275.780677263 标记 = TAG20120415T144740 注释 = NONE
通道 ORA_DISK_1:备份集已完成,经过时间:00:00:05
完成 backup 于 21 -12 月 -12

RMAN >
```

4. 恢复表空间

由于各种原因导致表空间损坏，但是由于备份策略有最后的 RMAN 备份，这样就可以通过 RMAN 进行表空间恢复，命令执行情况如下：

```
RMAN > startup mount;

已连接到目标数据库(未启动)
Oracle 实例已启动
数据库已装载

系统全局区域总计      285212672 字节

Fixed Size                   1218992 字节
Variable Size               83887696 字节
Database Buffers           197132288 字节
Redo Buffers                 2973696 字节

RMAN > restore tablespace users;

启动 restore 于 21 -12 月 -12
分配的通道:ORA_DISK_1
通道 ORA_DISK_1:sid =157 devtype = DISK

通道 ORA_DISK_1:正在开始恢复数据文件备份集
通道 ORA_DISK_1:正在指定从备份集恢复的数据文件
正将数据文件 00004 恢复到 + DISK1 /px /datafile /users.259.774121929
通道 ORA_DISK_1:正在读取备份段  + DISK1 /px /backupset /2012_12_21 /nnndf0_
tag20120415t143542_0.270.780676543
通道 ORA_DISK_1:已恢复备份段 1
段句柄 = + DISK1 /px /backupset /2012_12_21 /nnndf0_tag20120415t143542_
0.270.780676543 标记 = TAG20120415T143542
通道 ORA_DISK_1:恢复完成,用时:00:00:02
完成 restore 于 21 -12 月 -12
```

```
RMAN >sql "alter database open";

sql 语句:alter database open
MAN -00571:===================================
RMAN -00569:========ERROR MESSAGE STACK FOLLOWS========
RMAN -00571:===================================
RMAN -03009:sql 命令(default 通道上,在 04/15/2012 15:04:41 上) 失败
RMAN -11003:在分析/执行 SQL 语句期间失败:alter database open
ORA -01113:文件 4 需要介质恢复
ORA -01110:数据文件 4:'+DISK1/px/datafile/users.259.774121929'

RMAN >recover tablespace users;

启动 recover 于 21-12 月 -12
使用通道 ORA_DISK_1

正在开始介质的恢复
介质恢复完成,用时:00:00:03

完成 recover 于 21-12 月 -12

RMAN >sql "alter database open";

sql 语句:alter database open

RMAN >
```

由于表空间的 RMAN 恢复需要将实例启动到 MOUNT 状态下方可进行，上面的操作是将实例启动到 MOUNT 状态后执行“restore tablespace users;”命令，用于恢复 USERS 表空间的数据，在恢复后由于 USERS 表空间存在恢复后的介质问题，无法将实例打开，需要进行介质恢复。使用“recover tablespace users;”命令进行介质恢复，在完成介质恢复后，Oracle 顺利打开实例。

第 5 章

数据库应用开发实例

第 1 节　基 本 操 作

学习单元 1　表、视图操作

学习目标

➢ 掌握数据表的创建、删除和修改方法

➢ 掌握视图的创建、删除、重新编译和操作方法

技能要求

一、数据表操作

数据库的主要组织是表，表是用于存放数据的对象，是数据库的主要组成部分。一张表可以包含数据列、主键、外键、索引及约束。表主要由列组成，而列具有列名、类型、长度、约束等，一个表的数据包括若干行记录。每个列被分配一个数据类型，对于非聚集表，在每条记录进入数据库后，Oracle 会为每行记录分配一个 ROWID，每条记录的 ROWID 都具有唯一性。

1. 数据类型

数据类型分为：字符类型、数值类型、时间类型及大对象类型。

（1）字符类型

1）CHAR、NCHAR 类型。CHAR 和 NCHAR 都属于固定长度的字符串类型，它的特性是字符串的长度固定，如果存放的字符串升序小于定义的长度，将会在值的尾部填入空格，直到该字符串的长度等于定义的长度；如果存放的字符串长度大于定义的长度，数据库将不允许把该字符串存放到该类型中，并返回 Oracle 错误。

CHAR 和 NCHAR 的区别在于，CHAR 的字符串长度以字符或者字节的长度进行计算，而 NCHAR 以字符的长度进行计算。例如，中文字里的“一”字在这两种类型里的长度是不一样的，在 CHAR 里按字节进行长度统计，所以长度为 2；但是在 NCHAR 里按字符的

长度进行统计，所以长度为 1。

在 Oracle 10g 里，CHAR 的最大长度为 2 000，而 NCHAR 的最大长度为 1 000。

2）VARCHAR2、NVARCHAR2 类型。VARCHAR2 和 NVARCHAR2 都属于可变长度的字符串类型。对于存入该类型的字符串长度不超过定义存入类型的长度，都会按实际的内容存入，而不会像 CHAR 类型那样在尾部填入空格，VARCHAR2 或 NVARCHAR2 对于存入长度大于定义的长度时，数据库将不允许把该字符串存放到该类型中，并返回 Oracle 错误。

在 Oracle 10g 里，VARCHAR2 的最大长度为 4 000，而 NVARCHAR2 的最大长度为 2 000。

3）VARCHAR 类型。在 Oracle 10g 里，数据库对于 VARCHAR 类型在声明后会自动转为 VARCHAR2 类型，所以 VARCHAR 类型与 VARCHAR2 类型一样。

4）LONG 类型。LONG 类型可以保存变长的字符数据，该类型最多包含 2GB 字符数据。

（2）数值类型

1）NUMBER 类型。NUMBER 类型是 Oracle 数据库里用于保存定点和浮点数字数据的类型，声明该类型的格式如下：

```
column_name NUMBER[(precision[,scale])]
说明:
precision:为整数部分的长度,最大长度为38,最小长度为1。
scale:为小数部分的长度,最大长度为38,最小长度为0。
NUMBER 类型的值范围如下:
```

- 正数:从 1×10^{-130} 到 $9.99..9\times10^{125}$。
- 负数:从 -1×10^{-130} 到 $-9.99..9\times10^{125}$。

2）INTEGER 类型。使用 INTEGER 类型在声明执行后，Oracle 数据库会自动将该 INTEGER 类型转为 NUMBER 类型，且固定长度为 38，通过下面的例子清楚可见：

```
SQL >create table t(i int);

表已创建。
```

```
SQL >desc t
 名称                                      是否为空? 类型
 ----------------------------------------- -------- ----------------
 I                                                  NUMBER(38)
```

（3）时间类型

1）DATE 类型。DATE 类型是 Oracle 数据库里用于存放日期和时间的类型，存放的内容包括年、月、日、小时、分钟和秒，如果存入的变量里只有日期而没有时间，Oracle 会默认该变量的时间为午夜 12：00：00，所以该类型的最小时间颗粒度是秒。

2）TIMESTAMP 类型。由于 DATE 类型的粒度不能足够区别出两个事件哪个先发生，Oracle 在 DATE 类型上扩展出来了 TIMESTAMP 数据类型，它包括了任何 DATE 数据类型里的年月日时分秒的信息，而且包括了小数秒的信息，声明该类型的格式如下：

```
column_name TIMESTAMP[(precision)]
```

说明：

- precision：为小数秒的长度，该长度最大为 9，最小为 0。

需要注意：当将 TIMESTAMP 类型的长度设置为 0 时，该类型的值与 DATE 类型相同。

（4）大对象类型

1）BLOB 类型。BLOB 类型是 Oracle 数据库里用于存储非结构化“二进制”数据的数据类型，例如文件、图片等，在 Oracle 10g 里允许存储最多（4GB）×（数据库块大小）字节的数据。

2）CLOB 类型。CLOB 类型是 Oracle 数据库里用于保存单字节字符的数据类型，在 Oracle 9i 及以前的版本中，这种数据类型允许存储最多 4GB 的数据，在 Oracle 10g 及以后的版本中允许存储最多（4GB）×（数据库块大小）字节的数据。

3）NCLOB 类型。NCLOB 类型是 Oracle 数据库里用于保存国家字符集编码的数据类型。

4）BFILE 类型。BFILE 类型是操作系统上一个文件的指针，以一种只读的方式访问数据库服务器上可用的操作系统文件，就好像它们存储在数据库表本身中一样。

2. 表创建

表是用于存放各类数据的载体，通过使用 Create Table 的 SQL 语句创建存储数据的表。

进行表创建的用户需要具备“CREATE ANY TABLE”或“CREATE TABLE”的权限，且创建表的所在模式下需要具备使用表空间的权限，创建表的语句属于数据定义语言（DDL），创建语法如下：

```
CREATE TABLE[schema.]table_name
(
column_name datatype[DEFAULT expr]
    [,…]
)
[TABLESPACE tablespace_name]
;
```

说明：

- schema：是指该新创建的表储存在哪个模式或用户下，如果不使用，默认为当前的登录用户。
- table_ name：是指创建表的名字。
- column_ name：是指创建表的列名，一张表可以由一列或多列组成。
- datatype：列的类型，如 VARCHAR2、NUMBER 等。
- DEFAULT expr：指该列在插入（INSERT）数据时若没有值，将会使用的默认值。
- tablespace_ name：创建的表将储存在指定的表空间里，如果不设置，将默认为当前用户的默认表空间。

3. 表删除

由于某些表已经不再使用，所以可以对表进行删除操作。进行表删除的用户需要具备“DROP ANY TABLE”或“DROP TABLE”的权限，具体语法如下：

```
DROP TABLE[schema.]table_name[CASCADE CONSTRAINTS];
```

说明：

- schema：是指该删除表储存在哪个模式或用户下，如果不使用，默认为当前的登录用户。
- table_ name：是指删除表的名字。

• CASCADE CONSTRAINTS：指忽略需要删除的表内的主键或唯一键与其他表存在外键关联的关系，进行强制删除表的操作。

例如，需要强制删除表 DEPT，但是该表又与其他表有外键关联关系，下面是具体的删除过程：

```
SQL >DROP TABLE DEPT;
DROP TABLE DEPT
           *
第 1 行出现错误:
ORA - 02449:表中的唯一/主键被外键引用

SQL >DROP TABLE DEPT CASCADE CONSTRAINTS;

表已删除。

SQL >
```

从上面的过程里可以看到，由于 DEPT 表与其他表有外键关联关系，所以在进行第一次删除时 Oracle 抛出 ORA - 02449 的异常信息，在第二次对 DEPT 表使用强制删除命令“CASCADE CONSTRAINTS”后成功删除 DEPT 表。注意：这种删除操作是非常危险的，要谨慎操作。

4. 表修改

在表创建后，由于各种原因造成表的结构不能满足现有的需求时，就需要对表进行合理的修改，通过使用“ALTER TABLE”命令对表进行修改操作，具体语法如下：

```
ALTER TABLE[schema.]table_name
(
{
ADD(column_name column_type[,…])
|MODIFY(column_name column_type[,…])
|DROP(column_name[,…])
```

```
|CACHE
|NOCACHE
}
)
```

说明：

- schema：是指需要执行修改操作的表储存在哪个模式或用户下，如果不使用，默认为当前的登录用户。
- ADD：向表进行新增列操作。
- MODIFY：对表内已经存在的列进行修改。
- DROP：对表内的列进行删除。
- CACHE：在对该表进行全表扫描时，将该表检索的块放到 LRU 列表的最近使用的尾部。
- NOCACHE：在对该表进行全表扫描时，将该表检索的块放到 LRU 列表的最少使用的尾部。

下面举例说明如何进行表结构修改：

【例 5—1】 对表 TEST1 增加一列 i2，i2 的数据类型为 int 类型。

```
在 SQL/PLUS 执行上面的 SQL,获得如下的执行结果：
SQL >alter table test1 add(i2 int);

表已更改。
```

【例 5—2】 对表 TEST2 里的 i2 列进行删除操作。

```
在 SQL/PLUS 执行上面的 SQL,获得如下的执行结果：
SQL >alter table test1 drop(i2);

表已更改。
```

二、视图操作

视图是将一张表或多张表内的相关列进行结构化查询的对象，视图本身不具有数据存储空间，所以视图本身没有数据；因为视图的数据来源于表，所以对建立视图的用户或模式需要具备对表的查询权限，否则将无法成功创建视图。

一般可以将视图分为只读视图和可写视图，只读视图是指该视图只能进行查询的操作，即有 SELECT 的权限，这种类型的视图可以由一张表或多张表的 SQL 语句进行构建；可写视图是由一张表的 SELECT 语句构建，且构建该视图时不能指定该视图为只读视图，这类视图具备对该视图引用的表进行增加、删除及修改记录的功能，但是要进行这类操作需要对该表有相应的权限。

1. 创建视图

用户在自己的模式中创建视图，需要具备 CREATE VIEW 的系统权限；如果创建在其他模式上，则需要具备 CREATE ANY VIEW 的权限及在视图中应用的表的相关权限，即对表的 SELECT、INSERT、UPDATE 和 DELETE 权限。具体语法如下：

```
CREATE[OR REPLACE]VIEW[schema.]view_name
[(alias[,…])]
AS
subquery
[WITH{READ ONLY|CHECK OPTION[CONSTRAINT constraint]}]
;
```

说明：

- OR REPLACE：如果视图已经存在，将使用新的视图定义覆盖原视图定义。
- schema：视图的所在用户或模式。
- view_ name：视图的名字。
- alias：对视图内的列进行列名的定义。
- subquery：将生成结果集的 SELECT 语句，该 SQL 是视图的核心部分。
- WITH READ ONLY：指定该视图为只读视图，只能进行 SELECT 操作。
- WITH CHECK OPTION：指定该视图执行的插入或更新操作是视图内进行查询的列。

- CONSTRAINT constraint：指定 CHECK OPTION 的约束名称，若不指定则系统会自动分配约束名。

2. 删除视图

当某个视图不再需要时，具有删除操作权限的用户可将该视图删除，删除非操作用户模式下的视图需要具有 DROP ANY VIEW 的权限。具体语法如下：

```
DROP VIEW[schema.]view_name;
```

说明：

- schema：视图的所在用户或模式。
- view_ name：视图的名字。

3. 重新编译视图

在视图创建后，由于某种原因导致视图失效，如视图内的表结构发生了修改，且该修改不影响视图内的 SELECT 查询，可以通过重新编译视图的功能使该视图恢复正常。具体语法如下：

```
ALTER VIEW[schema.]view_name COMPILE;
```

说明：

- schema：视图的所在用户或模式。
- view_ name：视图的名字。

4. 视图操作

下面将举例讲解视图的创建、删除。

（1）创建只读视图。创建一张 v_ emp 的只读视图，该视图的查询结果集来源于 emp 表，下面是具体执行的过程：

```
SQL >create view v_emp
  2  as
  3  select * from emp
  4  with read only;
```

```
视图已创建。

SQL >insert into v_emp
  2  (empno,ename,job,mgr,hiredate,sal,comm,deptno)
  3  values
  4  (9999,'abc','efg',7566,to_date('2012 -12 -21','yyyy - mm - dd'),
9999,0,10);
(empno,ename,job,mgr,hiredate,sal,comm,deptno)
  *
第 2 行出现错误:
ORA - 01733:此处不允许虚拟列
```

执行过程说明：

从上面的执行情况可以得知，在创建 v_ emp 的语句里声明了 with read only，所以该视图是只读视图，在完成视图创建后，向该视图增加一条记录时，Oracle 抛出了 ORA - 01733 的异常。从上面的执行过程中了解到如何创建一个简单的只读视图。

（2）创建可写视图。创建一张 v_ emp 的可写视图，该视图是由 emp 表的 EMPNO、ENAME 这两列组成的，且该视图只能对视图内的列做插入或更新操作。下面是具体执行的过程：

```
SQL >create view v_emp
  2  as
  3  select empno,ename from emp
  4  with check option;

视图已创建。

SQL >desc emp
 名称                                   是否为空？类型
```

```
---------------------------------------------------
 EMPNO                                    NOT NULL NUMBER(4)
 ENAME                                    VARCHAR2(10)
 JOB                                      VARCHAR2(9)
 MGR                                      NUMBER(4)
 HIREDATE                                 DATE
 SAL                                      NUMBER(7,2)
 COMM                                     NUMBER(7,2)
 DEPTNO                                   NUMBER(2)

SQL>desc v_emp
 名称                           是否为空? 类型
---------------------------------------------------
 EMPNO                          NOT NULL NUMBER(4)
 ENAME                                    VARCHAR2(10)

SQL>insert into v_emp
  2  (empno,ename)
  3  values
  4  (9999,'abc');

已创建1行。

SQL>select * from emp where empno=9999;

   EMPNO ENAME   JOB        MGR HIREDATE        SAL      COMM DEPTNO
---------------------------------------------------
     9999 abc

SQL>
```

上述执行过程说明：

上面的过程创建了一张 v_ emp 的可写视图，这张视图是基于 emp 表的 EMPNO、ENAME 这两列进行创建的，从表结构可以看到视图这两列与原表一致，在完成创建后向表里增加一条记录，在执行 INSERT 语句后可以看到系统提示成功创建 1 行记录，接着到原表里查询，可以看到这条记录成功写入到 emp 原表。

（3）删除视图。把上面创建的 v_ emp 视图删除。下面是具体执行的过程：

```
SQL >drop view v_emp;

视图已删除。

SQL >
```

在执行 drop view v_ emp 命令后完成了视图的删除。

学习单元 2　操作数据

学习目标

- 能够插入、修改、删除语句
- 掌握简单数据和复杂数据的查询
- 掌握数据查询结果格式化的方法

技能要求

一、数据处理操作

1. 插入语句

Insert 语句用于对已有的表或视图添加记录。

基本语法如下：

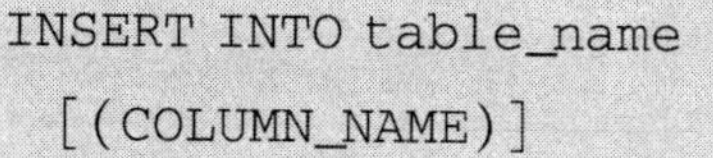


```
INSERT INTO table_name
  [(COLUMN_NAME)]
{VALUES (values) |subquery};
```

例如，对学生表增加一条学生信息，学号为201212211，姓名为张三：

INSERT INTO student (student_id,name)values('201212211','张三');

2. 修改语句

UPDATE 语句用于修改表中已经存在的记录值。

基本语法如下：

```
UPDATE table_name
SET column_name = value[,…]
WHERE condition;
```

例如，将学生表里学号为201212211的学生姓名修改为李四：

UPDATE student SET name ='李四' WHERE student_id ='201212211';

3. 删除语句

DELETE 语句对指定表中的记录进行删除操作。

基本语法如下：

```
DELETE FROM table_name WHERE condition;
```

例如，删除学生表里学号为201212211的学生信息：

DELETE FROM student WHERE student_id ='201212211';

二、数据查询

1. 简单数据查询

SELECT 语句用于从数据库中获取数据，对获取的数据可以进行排序、分组以及将查询结果作为数据集合插入到另外一张表内。

基本语法如下：

```
SELECT{ * |{column[,…]}}
[ INTO variable |collection ]
FROM table_name[,…]
WHERE where_condition
GROUP BY group_expr
CONNECT BY conn_condition
ORDER BY order_expr [DESC]
```

例如，对学生表进行查询，获取学号为201212211的学生姓名：

```
SELECT name FROM student WHERE student_id ='201212211';
```

2. 复杂数据查询

（1）相等连接。通过两个具有相同意义列的表，可以建立相等连接条件，只有连接列上在两个表中都出现且值相等的行，才会出现在查询结果中。

【例5—3】 从员工信息表和部门信息表里查询员工的员工号、姓名、工种、上级领导、工资、所在部门、所在地区，通过关联员工（EMP）表及部门信息（DEPT）表，对两张表里的部门号进行关联，SQL语句及执行结果如下：

```
SQL语句：
SELECT EMP.EMPNO, EMP.ENAME, EMP.JOB, EMP.MGR, EMP.SAL, DEPT.DNAME,
DEPT.LOC
  FROM EMP,DEPT
WHERE EMP.DEPTNO = DEPT.DEPTNO;

在SQL/PLUS执行上面的SQL,获得如下的查询结果：
SQL > SELECT EMP.EMPNO, EMP.ENAME, EMP.JOB, EMP.MGR, EMP.SAL, DEPT.
DNAME,DEPT.LOC
  2    FROM EMP,DEPT
  3  WHERE EMP.DEPTNO = DEPT.DEPTNO;

   EMPNO ENAME     JOB        MGR        SAL DNAME            LOC
```

```
--------  ------------------  ------------------------
    7369 SMITH     CLERK       7902     800 RESEARCH      DALLAS
    7499 ALLEN     SALESMAN    7698     1600 SALES        CHICAGO
    7521 WARD      SALESMAN    7698     1250 SALES        CHICAGO
    7566 JONES     MANAGER     7839     2975 RESEARCH     DALLAS
    7654 MARTIN    SALESMAN    7698     1250 SALES        CHICAGO
    7698 BLAKE     MANAGER     7839     2850 SALES        CHICAGO
    7782 CLARK     MANAGER     7839     2450 ACCOUNTING   NEW YORK
    7788 SCOTT     ANALYST     7566     3000 RESEARCH     DALLAS
    7839 KING      PRESIDENT            5000 ACCOUNTING   NEW YORK
    7844 TURNER    SALESMAN    7698     1500 SALES        CHICAGO
    7876 ADAMS     CLERK       7788     1100 RESEARCH     DALLAS
    7900 JAMES     CLERK       7698     950 SALES         CHICAGO
    7902 FORD      ANALYST     7566     3000 RESEARCH     DALLAS
    7934 MILLER    CLERK       7782     1300 ACCOUNTING   NEW YORK
已选择14 行。
SQL >
```

（2）自连接。自连接是数据库中经常要用到的连接方式，使用自连接可以将自身表的一个镜像当做另一个表来对待，从而能够得到一些特殊的数据。

【例 5—4】 通过员工信息（EMP）表，查询雇员的编号、名称以及该雇员的经理名称，由于相关信息都在 EMP 表里，所以通过自连接进行检索：

```
SQL 语句：
SELECT WORKER.ENAME,WORKER.MGR,MANAGER.EMPNO,MANAGER.ENAME
  FROM EMP WORKER,EMP MANAGER
WHERE WORKER.MGR = MANAGER.EMPNO;

在 SQL/PLUS 执行上面的 SQL,获得如下的查询结果：
SQL > SELECT WORKER.ENAME,WORKER.MGR,MANAGER.EMPNO,MANAGER.ENAME
```

```
  2    FROM EMP WORKER,EMP MANAGER
  3    WHERE WORKER.MGR = MANAGER.EMPNO;

ENAME          MGR      EMPNO ENAME
------------------------------------
SMITH          7902      7902 FORD
ALLEN          7698      7698 BLAKE
WARD           7698      7698 BLAKE
JONES          7839      7839 KING
MARTIN         7698      7698 BLAKE
BLAKE          7839      7839 KING
CLARK          7839      7839 KING
SCOTT          7566      7566 JONES
TURNER         7698      7698 BLAKE
ADAMS          7788      7788 SCOTT
JAMES          7698      7698 BLAKE
FORD           7566      7566 JONES
MILLER         7782      7782 CLARK

已选择 13 行。
SQL >
```

（3）外连接。对于外连接，Oracle 中可以使用“（+）”来表示，或者使用 LEFT/RIGHT OUTER JOIN 语句进行外连接。

1）右外连接：左条件（+）=右条件；

SELECT...FROM 表 1 RIGHT OUTER JOIN 表 2 ON 连接条件

代表除了显示匹配相等连接条件的信息之外，还显示右条件所在的表中无法匹配相等连接条件的信息。

2）左外连接：左条件=右条件（+）；

SELECT...FROM 表 1 LEFT OUTER JOIN 表 2 ON 连接条件

代表除了显示匹配相等连接条件的信息之外，还显示左条件所在的表中无法匹配相等连接条件的信息。

无论使用右外连接还是左外连接，目的都是需要获取其中一张表的数据为主要数据进行关联查询，下面将以左外连接的两种方法进行举例讲解。

【例 5—5】 查询所有员工的工资变动情况，无论该员工是否发生过工作变更，都进行显示。

```
SQL 语句 1,使用 LIFT JOIN 方法:
SELECT E.ENAME,E.SAL NOW_SAL,B.SAL HIS_SAL
  FROM EMP E
  LEFT JOIN BONUS B ON E.ENAME = B.ENAME;

在 SQL/PLUS 执行上面的 SQL 语句 1,获得如下的查询结果:
SQL > SELECT E.ENAME,E.SAL NOW_SAL,B.SAL HIS_SAL
  2     FROM EMP E
  3     LEFT JOIN BONUS B ON E.ENAME = B.ENAME;
ENAME          NOW_SAL    HIS_SAL
- - - - - - - - - - - - - - - - - - -
SMITH              800        700
JONES              2975       2875
BLAKE              2850       2750
CLARK              2450       2350
SCOTT              3000       2900
KING               5000       4900
ADAMS              1100       1000
JAMES              950        850
FORD               3000       2900
MILLER             1300       1200
MARTIN             1250
ALLEN              1600
WARD               1250
```

```
TURNER          1500
```

已选择 14 行。

SQL 语句 2，使用(+)方法：

```
SELECT E.ENAME,E.SAL NOW_SAL,B.SAL HIS_SAL
  FROM EMP E,BONUS B
WHERE E.ENAME = B.ENAME(+)
```

在 SQL/PLUS 执行上面的 SQL 语句 2，获得如下的查询结果：

```
SQL > SELECT E.ENAME,E.SAL NOW_SAL,B.SAL HIS_SAL
  2     FROM EMP E,BONUS B
  3   WHERE E.ENAME = B.ENAME(+);

ENAME          NOW_SAL    HIS_SAL
------------------------------------
SMITH              800        700
JONES             2975       2875
BLAKE             2850       2750
CLARK             2450       2350
SCOTT             3000       2900
KING              5000       4900
ADAMS             1100       1000
JAMES              950        850
FORD              3000       2900
MILLER            1300       1200
MARTIN            1250
ALLEN             1600
WARD              1250
TURNER            1500
```

已选择 14 行。

从语句1和语句2的查询结果可以得出，语句1等于语句2，不过从SQL语句中可以看出，使用LEFT JOIN的外连接方法和（+）的外连接方法是有区别的，区别在于WHERE子句里，语句1没有使用WHERE子句，但语句2使用了，所以使用这两种外关联有着本质的区别。

3. 数据查询结果格式化

进行SELECT查询时，将对某一列或多列进行分组统计，获取以组为单位进行计算的数据结果格式化的值。

具体语法如下：

```
SELECT column, group_function
  FROM table_name
[WHERE condition]
[GROUP BY group_by_expression]
[HAVING group_condition]
[ORDER BY column];
```

说明：

- 进行SELECT查询时，使用GROUP BY子句可以将一个表中的行分成多个小组。
- 进行分组查询时，在GROUP BY子句后使用HAVING子句可以限制组的结果。

下面是常用的分组函数：

- AVG（DISTINCT | ALL | n）：求平均值。
- COUNT（DISTINCT | ALL | expr | *）：获取记录行数。
- MAX（DISTINCT | ALL | expr）：获取查询结果的最大值。
- MIN（DISTINCT | ALL | expr）：获取查询结果的最小值。
- STDDEV（DISTINCT | ALL | n）：获取expr查询结果的样本标准偏差。
- SUM（DISTINCT | ALL | n）：获取查询结果的合计。
- VARIANCE（DISTINCT | ALL | n）：获取expr查询结果的方差。

HAVING语法是针对聚合函数的列上找到满足条件的组结果，在这种情况下能否使用where子句进行筛选呢？答案是不行，所以需要使用having关键字。

【例5—6】 需要了解各部门的平均工资、工资合计及员工人员，通过对部门进行分组统计，就能得到所需要的结果，SQL例子如下：

SQL 语句：

```
Select deptno,avg(sal)avg_sal,sum(sal)sum_sal,count( * )count_empno
  From emp
 Group by deptno;
```

在 SQL/PLUS 执行上面的 SQL，获得如下的查询结果：

```
SQL >Select deptno,avg(sal)avg_sal,sum(sal)sum_sal,count( * )count_
empno
  2    From emp
  3  Group by deptno;

   DEPTNO    AVG_SAL    SUM_SAL COUNT_EMPNO
-----------------------------------------
       30 1566.66667      9400           6
       20       2175     10875           5
       10 2916.66667      8750           3

SQL >
```

【例 5—7】 需要找出平均工资在 2 000 元以上的部门。使用 Having 关键字的 SQL 语句如下：

SQL 语句：

```
Select deptno,avg(sal)avg_sal
  From emp
Group by deptno
Having avg(sal) >2000;
```

在 SQL/PLUS 执行上面的 SQL，获得如下的查询结果：

```
SQL > Select deptno,avg(sal)avg_sal
  2    From emp
  3  Group by deptno
  4  Having avg(sal) >2000;

   DEPTNO    AVG_SAL
---------------------
       20       2175
       10 2916.66667

SQL >
```

第 2 节　高　级　应　用

学习单元 1　分区表

学习目标

- ➢ 掌握范围分区及其创建语法
- ➢ 掌握哈希分区及其创建语法
- ➢ 掌握列表分区及其创建语法
- ➢ 掌握复合分区及其创建语法

技能要求

在大型的数据库应用中，数据量非常大，可以达到几十 GB 到几百 GB，甚至达到 TB 级的数据量。如此庞大数据的单表将会影响到表的查询效率，所以通过使用分区表来解决查询效率低下的问题。分区表是将一张表从物理上细化成多个较小的数据部分，一个部分就是一个分区，也可以将一个分区看成是一张表中表。

目前 Oracle 有 4 种分区方式，下面将分别讲解。

一、范围分区

所谓范围分区，是将一定范围内的数据储存在一个分区内，创建范围分区的语法如下：

```
CREATE TABLE[schema.]table_name
(
column_name datatype[DEFAULT expr]
[,…]
)
PARTITION BY RANGE(column_name)
(
 PARTITION part_name VALUES LESS THAN value
[,…]
)
[TABLESPACE tablespace_name]
;
```

说明：

- schema：是指该新创建的表储存在哪个模式或用户下，如果不使用，默认为当前的登录用户。
- table_name：是指创建表的名字。
- column_name：是指创建表的列名，一张表可以由一列或多列组成。
- datatype：列的类型，如 VARCHAR2、NUMBER 等。
- DEFAULT expr：指该列在插入（INSERT）数据时若没有值，将会使用的默认值。
- PARTITION BY RANGE：说明分区方式为范围分区。
- part_name：指定分区的名字。

- value：范围分区的区间值，当该值为“MAXVALUE”时，表示除已经指定范围值外的所有值都属于该分区。

- tablespace_name：创建的表将储存在指定的表空间里，如果不设置，将默认为当前用户的默认表空间。

二、哈希分区

哈希分区是为了使数据很好地平均分布在多个不同区域的分区模式，创建哈希分区的语法如下：

```
CREATE TABLE[schema.]table_name
(
column_name datatype[DEFAULT expr]
[,…]
)
PARTITION BY HASH (column_name)
(
 PARTITION part_name TABLESPACE tablespace_name
[,…]
);
```

说明：

- schema：是指该新创建的表储存在哪个模式或用户下，如果不使用，默认为当前的登录用户。
- table_name：是指创建表的名字。
- column_name：是指创建表的列名，一张表可以由一列或多列组成。
- datatype：列的类型，如 VARCHAR2、NUMBER 等。
- DEFAULT expr：指该列在插入（INSERT）数据时若没有值，将会使用的默认值。
- PARTITION BY HASH：说明分区方式为哈希分区。
- part_name：指定分区的名字。
- tablespace_name：创建的表将储存在指定的表空间里，如果不设置，将默认为当前用户的默认表空间。

三、列表分区

使用某些列表的值进行分区，创建列表分区的语法如下：

```
CREATE TABLE[schema.]table_name
(
column_name datatype[DEFAULT expr]
[,…]
)
PARTITION BY LIST(column_name)
(
 PARTITION part_name VALUES(value)
[,…]
)
[TABLESPACE tablespace_name]
;
```

说明：

- schema：是指该新创建的表储存在哪个模式或用户下，如果不使用，默认为当前的登录用户。
- table_name：是指创建表的名字。
- column_name：是指创建表的列名，一张表可以由一列或多列组成。
- datatype：列的类型，如 VARCHAR2、NUMBER 等。
- DEFAULT expr：指该列在插入（INSERT）数据时若没有值，将会使用的默认值。
- PARTITION BY LIST：说明分区方式为列表分区。
- part_name：指定分区的名字。
- value：列表分区的列表值，该值可以是多个，当该值为“DEFAULT”时，代表除已经指定列表值外的所有值都属于该分区。
- tablespace_name：创建的表将储存在指定的表空间里，如果不设置，将默认为当前用户的默认表空间。

四、复合分区

复合分区是将上面的三种分区形式进行组合，形成多级分区，目前 Oracle 10g 支持二级分区，且只支持两种分区，下面讲解这两种复合分区。

1. 范围—列表复合分区

范围—列表复合分区即第一层分区使用范围分区，第二层分区使用列表分区，创建范围—列表复合分区的语法如下：

```
CREATE TABLE[schema.]table_name
(
column_name datatype[DEFAULT expr]
[,…]
)
PARTITION BY RANGE(range_column)
SUBPARTITION BY LIST(list_column)
(
 PARTITION part_name VALUES LESS THAN range_value
 (SUBPARTITION sub_part_name values(list_value)
  [,…])
[,…]
)
[TABLESPACE tablespace_name]
;
```

说明：

- schema：是指该新创建的表储存在哪个模式或用户下，如果不使用，默认为当前的登录用户。
- table_name：是指创建表的名字。
- column_name：是指创建表的列名，一张表可以由一列或多列组成。
- datatype：列的类型，如 VARCHAR2、NUMBER 等。
- DEFAULT expr：指该列在插入（INSERT）数据时若没有值，将会使用的默认值。

- PARTITION BY RANGE：说明第一层分区方式为范围分区。
- range_column：用于范围分区的列名。
- SUBPARTITION BY LIST：说明第二层分区方式为列表分区。
- list_column：用于列表分区的列名。
- part_name：指定第一层分区的名字。
- range_value：范围分区的区间值，当该值为“MAXVALUE”时，代表除已经指定范围值外的所有值都属于该分区。
- sub_part_name：指定第二层分区的名字。
- list_value：列表分区的列表值，该值可以是多个，当该值为“DEFAULT”时，代表除已经指定列表值外的所有值都属于该分区。
- tablespace_name：创建的表将储存在指定的表空间里，如果不设置，将默认为当前用户的默认表空间。

2．范围—哈希复合分区

范围—哈希复合分区即第一层分区使用列表分区，第二层分区使用哈希分区，创建范围—哈希复合分区的语法如下：

```
CREATE TABLE[schema.]table_name
(
column_name datatype[DEFAULT expr]
[,…]
)
PARTITION BY RANGE(range_column)
SUBPARTITION BY HASH(hash_column)
(
 PARTITION part_name VALUES LESS THEN value
(SUBPARTITION sub_part_name
  [,…])
[,…]
)
[TABLESPACE tablespace_name]
;
```

说明：

- schema：是指该新创建的表储存在哪个模式或用户下，如果不使用，默认为当前的登录用户。
- table_name：是指创建表的名字。
- column_name：是指创建表的列名，一张表可以由一列或多列组成。
- datatype：列的类型，如 VARCHAR2、NUMBER 等。
- DEFAULT expr：指该列在插入（INSERT）数据时若没有值，将会使用的默认值。
- PARTITION BY RANGE：说明第一层分区方式为范围分区模式。
- range_column：用于范围分区的列名。
- SUBPARTITION BY HASH：说明第二层分区使用哈希分区模式。
- hash_column：用于哈希分区的列名。
- part_name：指定第一层分区的名字。
- value：范围分区的区间值，当该值为“MAXVALUE”时，代表除已经指定范围值外的所有值都属于该分区。
- sub_part_name：指定第二层分区的名字。
- tablespace_name：创建的表将储存在指定的表空间里，如果不设置，将默认为当前用户的默认表空间。

学习单元2　分区索引

学习目标

➢ 了解分区索引使用的不同情况

➢ 了解分区索引类型

知识要求

一、分区索引使用情况讨论

正如分区表一样，分区索引也会改进对于索引的管理，提升索引的可用性以及性能，索引可以被单独的分区（全局索引）也可以使用自动化地链接表分区的方法（本地索引）。一般情况下，对于 OLTP 应用，应该使用全局索引；而对于数据仓库或者 DSS 应用，则应该使用本地索引。应该尽量使用本地索引，因为它们更易于管理。在指定使用哪种分区索引之前，可以按照顺序考虑以下几个因素：

1. 如果表的分区键是索引的子集，那么采用本地索引。否则，参考 2。

2. 如果索引是独一无二的，那么采用全局索引。否则，参考 3。

3. 如果优先考虑易于管理，那么采用本地索引。否则，参考 4。

4. 如果使用的应用是 OLTP，并且用户需要快速的响应时间，那么采用全局索引。如果应用是 DSS，并且用户对吞吐量更为关心，那么采用本地索引。

二、分区索引类型

1. 本地分区索引

本地分区索引比其他类型的分区索引方式更易于管理。它也提供很好的可用性，一般在 DSS 环境中使用。每一个本地分区索引准确地关联一个分区表中的分区。这使得 Oracle 可以自动维护分区索引同分区表的同步，并且可以使每一个分区索引独立。任何使一个分区中的数据无效或者不可用的动作都只影响一个分区。

当对分区或者子分区进行维护时，本地分区索引具有更好的可用性，而本地没有前缀分区索引对于历史数据是很有用的。这种类型的索引不对索引键的左前缀进行分区。

对于本地索引，不能够显式地增加一个分区。取而代之的是，当增加同本地索引所关联的分区表中的分区时，才可以实现对本地索引分区的增加。删除和增加是一个原理。

本地索引可以是独一无二的。为了使本地索引独一无二，分区表的分区键必须是索引列中的一部分。独一无二的本地索引对于 OLTP 应用是很有好处的。

2. 全局的分区索引

Oracle 提供全局分区索引，该分区索引与分区表类似，请参考分区表。

3. 全局非分区索引

Oracle 对分区表可以建立非分区索引，该索引没有分区的形式。

学习单元 3　索引组织表

学习目标

➢ 能够创建索引组织表。

知识要求

索引组织表（Index Organized Table，IOT）是一张根据表中的主键索引结构进行组织的表，这种表的数据是按照主键的存储和排序进行组织的，以B数结构组织表数据，由于索引就是数据，数据就是索引，这样的组合减少了查询时系统的开销，但是索引组织表不是所有情况下都适合使用的，在表中的数据经常需要引用主键列进行检索的情况下，可以考虑建立索引组织表，所以应根据实际情况使用。

技能要求

创建索引组织表

创建语法如下：

```
CREATE TABLE[schema.]table_name
(
column_name datatype[DEFAULT expr],
[column…;]
CONSTRAINT pk_name PRIMARY KEY(columns[,…])
[USING INDEX TABLESPACE ts_name]
[,CONSTRAINT fk_name FOREIGN KEY(columns[,…])REFERENCES table_name
(columns[,…])]
)
ORGANIZATION INDEX
[TABLESPACE tablespace_name]
;
```

说明：

- schema：是指该新创建的表储存在哪个模式或用户下，如果不使用，默认为当前的登录用户。
- table_name：是指创建表的名字。

- column_name：是指创建表的列名，一张表可以由一列或多列组成。
- datatype：列的类型，如 VARCHAR2、NUMBER 等。
- pk_name：主键名字。
- USING INDEX TABLESPACE：指定主键索引使用的表空间。
- ts_name：表空间名字。
- DEFAULT expr：指该列在插入（INSERT）数据时若没有值，将会使用的默认值。
- ORGANIZATION INDEX：说明该表为索引组织表。
- tablespace_name：创建的表将储存在指定的表空间里，如果不设置，将默认为当前用户的默认表空间。

从上面的创建索引组织表的语法可以看到，由于索引组织表是根据表的主键索引进行组织的，所以在索引组织表创建时需要指定表的主键，如果不指定将不能创建索引组织表并且系统会抛出 ORA－25175 的错误信息。下面是未指定主键而创建索引组织表的错误示例：

```
SQL > CREATE TABLE DEPT1
  2  (
  3  DEPTNO NUMBER(2,0),
  4  DNAME  VARCHAR2(14 BYTE),
  5  LOC    VARCHAR2(13 BYTE)
  6  )
  7  ORGANIZATION INDEX;
ORGANIZATION INDEX
             *
第 7 行出现错误:
ORA -25175:未找到任何 PRIMARY KEY 约束条件
```